TOEIC® L&Rテスト やさしい英語で 基礎トレーニング

石井洋佑・Michael McDowell 著
Yosuke Ishii　　マイケル・マクドウェル

 OpenGate

　TOEIC 受験とそれに向けて勉強することを決めたけど何をしたら良いのかわからない―スコアが 200 点に満たないような入門者・初級者の多くは学習開始直後にこの壁にぶち当たります。

　書店に行けばたくさんの TOEIC 関連書籍があります。しかし、どの本も試しに問題を見ると初級者用のものでさえ、難しくてとても自分にはできそうもないと感じるようです。実際、ほとんどの TOEIC 対策書はある程度の基礎力があることが前提に書かれているので、そう感じるのはごく自然なことです。

　自分は基礎からやり直さないと―そう気づく人もいます。ただ、「基礎とは何か」「どのようにしてやり直すのか」がわからない限り、問題は解決しません。残念ながら、入門者や初級者が自分に合った正しい学習方法にたどり着くことは稀です。例えば、インターネットや雑誌の英語学習法の特集記事では、「NHK の語学講座を聴く」「高校の文法の参考書をやり直す」といったアドヴァイスが見つかることがあります。しかし、こういう教材から恩恵を受けている人というのは、中学や高校のときに、英語が好きでよくできた人です。英語の苦手な人の多くは、これらを使って挫折を経験しています。同じようにやり直しても、どこにポイントがあるのかがわからず、再度学習に失敗するのではないでしょうか。また、中学生・高校生用の教材というのは、学校的な文脈で役に立つ内容が多く含まれていますが、そういう知識は、TOEIC や英会話には不要な場合もあります。

　国際関係学を勉強している人の中には次の格言を好む人がいます。"If you know the enemy and know yourself, you need not fear the result of a hundred battles." 「あなたが敵を知り、自分自身を知っていれば、100 回の戦闘の結果も恐れるに当たらない」。この孫氏（Sun Tzu）の『兵法』（The Art of War）の言葉に従えば、入門者や初級者には TOEIC そっくりの教材も、逆に TOEIC から離れすぎた教材も不適切です。音声・文のつくり・語彙・表現のうちごくごく基本的なことを TOEIC 頻出の職場や日常生活という場面設定にしぼって学習するのが理想です。でも、残念ながらそういう教材はほとんどありません。TOEIC をよく研究している著者は、あまり入門者・初級者を意識した教材作りをしません。逆に、入門者や初級者に日常的に接している指導者は、TOEIC やビジネス英語に興味を

持つことはまれで、ましてや教材を作ろうという人は出てこないのが現状です。

　そういう状況を受けて、英語力にまったく自信のない学習者が、TOEIC に向けてまず何をするかを 1 冊にまとめたのが本書『TOEIC® L&R テスト やさしい英語で基礎トレーニング』（以下、『基礎トレ』）です。やるべきことは明確になっています。各課の見開きの左ページにある Practice の英文を目で見ても、耳で聞いても意味が取れるようになり、かつ正しく発音できるようになることです。他に、モデル例文の Target Sentence には説明が、Practice には 2 種類の日本語訳や語註 Words & Phrases がついていますが、それらはこの作業ができるようになるための補助的なものにすぎません。

　『基礎トレ』の英文は、TOEIC を目標としている入門者・初級者に本当に必要なものは何かという観点から、職場での英語や TOEIC に通じた著者 2 人が練りに練って作ったものです。一見関係なさそうに見えるものも含めて、無駄なものはひとつもないはずです。さらに、これらの英文に読者がなじめるよう、二重三重の工夫をしかけてあります。💬 マークのついた試験や英米文化に関するミニ情報もそのひとつです。「この本の構成と使い方」（☞ p.8-p.9）通りに粘り強く繰り返し学習していれば、TOEIC に必要な英語の基礎力、さらに自分の英語力を上げるためにどういう学習をすればよいかがわかってくるはずです。みなさんがいち早く英語への苦手意識から抜け出せることを祈っています。

　最後に、『基礎トレ』編集担当の小平新二郎さん、訳文の作成などにご協力いただいた丸岡幸子さんに感謝申し上げます。

2021 年 5 月　著者

CONTENTS

音声ファイルの利用方法

本書では下記の手順に従ってスマートフォンまたはPCで音声をダウンロードして聴くことができます。

1. abceedアプリ（スマートフォンの場合）

本書の音声は、無料アプリabceedでダウンロードして聴くことができます。

（画面イメージ）

❶ ページ下のQRコードまたはURLから、無料アプリ abceed（Android / iOS対応）をダウンロードしてください。

❷ 画面下の「見つける（虫めがねのアイコン）」タブをクリックして、やさしい英語で検索します。表示された書影をタップし、音声の項目を選択すると、音声一覧画面へ遷移します。

❸ 再生したいトラックを選択すると音声が再生できます。また、倍速再生、区間リピートなど、学習に便利な機能がついています。

＊アプリの詳細についてはwww.abceed.comにてご確認ください。

ダウンロードはこちらから

https://www.abceed.com

abceedは株式会社Globeeの商品です。

アプリについてのお問い合わせ先
info@globeejp.com
（受付時間：平日の10時–18時）

2. 弊社ホームページ（PCの場合）

下記URLより弊社・株式会社オープンゲートのホームページにアクセスしていただき、本書の書影をクリックしてください。

https://openg.co.jp/

本書の紹介ページを下方にスクロールして
パソコンへのダウンロードはこちら をクリックしてダウンロードしてください。

お問い合わせ先 ▶ 株式会社オープンゲート Tel. 03-5213-4125（受付時間：平日の10時–17時）

この本の構成と使い方

Target Sentence

各レッスンで学ぶべき項目を含んだもっとも典型的な例文が 1 つか 2 つ挙げられています。左ページに例文とその日本語訳があり、右ページには解説や補足事項が載っています。

Listen & Repeat & Write

この箇所は以下に説明する **Listen & Repeat & Write（聴いて繰り返す、その後に書いてみる）** という方法で学習してみてください。

❶音声を聴く

例文の英語を見ながらでも良いので、何度か音声を聴いてみてください。その後、日本語訳や右ページの説明を参照しながら、例文の意味がわかっているかどうか確認します。

❷音声の後に繰り返す

❶が終わったら、今度は音声のすぐ後に、同じ例文を声に出してみてください。きれいな発音でなくてもよいので、自分のできる範囲で、聞こえたままオウム返しで声を出します。うまくできないな、と思ったら、本を開いて、例文を見て確認します。

❸例文を書く

❷がまずまずできるようになったと思ったら、例文を書いてみます。紙に書いてもいいし、デジタルに慣れている人はコンピューターかスマートフォンにタイプしてもいいです。頭の中で書くのではなくて、かならず形に残してください。そして書き（タイプし）終わったら、自分が写した例文と本の例文が一致しているかどうか確認してください。まさかと思うかもしれませんが、自分が書いた文、タイプした文に 1 語抜けたり、語尾が間違えていたりなど、小さな間違いがあることが入門者・初級者には少なくありません。この部分がごくごく基本的な発音や語彙・文法での弱点なので、かならず確認して正しい文を自分で手を動かして書き（タイプし）終わるまでやってください。

Practice

左ページに 5 つか 6 つ程度の英文が載っています。 Target Sentence と同じ学習項目を含んだ英文です。ほとんどは TOEIC に出てきそうな英語を少しやさしくしたような英文になっていますが、学習項目が定着しやすいように印象的な英文にするため、あまり TOEIC らしくな

いものも意図的に入れています。

右ページは左ページの英文の日本語訳が載っています。本書では **Practice** のすべての英文に 2 種類の日本語訳を載せています。上のものは、英文の意味のカタマリごとに切ったスラッシュ (/) の語順に合わせた日本語訳です。下のものは、自然な日本語になっています。

Practice は次の 4 STEP で学習してください。

STEP 1: Read & Understand

まずは、**Read & Understand（読んで理解する）**ことを目指します。左の英文を読んで意味をとれるか確認します。わからなかったら、すぐに、下の Words & Phrases や右の日本語訳（語順訳でも、普通の訳でもわかりやすい方を参照してください）を見ても構いません。英文だけを見て、「わかるな」と思ったら、この作業は終了です。

STEP 2: Listen & Understand

次に、**Listen & Understand（聴いて理解する）**ことを目指します。読んでわかるようになった英文が、音声だけで意味が浮かぶか確認します。基本的な単語の発音を勘違いして覚えていると聴き取れないからです。何度も聴いて、音と文字を結びつけるのがこの作業です。

STEP 3: Listen & Repeat

STEP 2 が終わったら、**Listen & Repeat（聴いて、繰り返す）**ことに挑戦します。ここで必要なのは、きれいな発音を身につけることではなく（身につけられればそれに越したことはないですが）、正確に短い文を聴き取り、短期的に記憶できるかの練習です。この作業がなかなかできない場合、STEP 1 や STEP 2 の学習がちょっといい加減かもしれないので、もっとじっくり腰を据えて取り組むようにしてください。

STEP 4: Read Aloud

さて、最後に、**Read Aloud（音読する）**です。各語の発音を正しく覚えているか、ゆっくりでもつかえることなく読めるか、を確認してください。これができれば、音声的にも、意味的にも、左ページの英文を克服したことになります。

Words & Phrases

Target Sentence と **Practice** の英文の語彙や表現のリストです。英文の中でわからない箇所が出てきた場合、たいがいの疑問はここを見れば解決するはずです。

Useful Tip

各レッスンの作業をする上でおそらく学習者の多くがつまずくであろう、発音のポイントや語の使い方などについての説明が主ですが、**Practice** には入れられないようなやや発展的な内容が入っていることもあります。

基本的なことを学習していくことは大事ですが、その知識がどのように役に立つのかわからないとやる気がでないこともあると思います。そのため、本書では、ところどころに 💬 マークを付けて、学習していることが、TOEIC あるいは実際の英語でどういう場面で使われているのか、文脈を提示しました。ビジネス・英米文化の豆知識も入れました。

TOEIC® L&R テストとは

TOEIC® とは、Test of English for International Communication の略称です。TOEIC® L&R テストの L&R とは Listening and Reading のことで、アメリカの非営利テスト開発機関の ETS（Educational Testing Service）が開発したリスニング（聞く）技能とリーディング（読む）技能を測定するテストです。

TOEIC® L&R テストは、ビジネス分野でのコミュニケーション能力を測るテストとして、そのスコアを多くの企業が参考にしています。企業への応募要件に TOEIC スコア提出が定められるなど、新入社員採用や社内での昇進の基準、転職時等に TOEIC スコアを参考にしている企業が数多くあります。

これまで「スコア」という言葉を何回か使いました。TOEIC は、英検（英語検定試験）など合格・不合格を判定するタイプの試験とは違い、10〜990 点の範囲で 5 点刻みにスコアを算出するテストです。どのレベルの人でも同一内容のテストを受けます。

TOEIC® L&R テストは、リスニング 100 問約 45 分、リーディング 100 問 75 分、合計 200 問 120 分を休憩なしで解答しなくてはならないので、強い集中力が必要です。

テストは次の表のとおり Part 1 – Part 7 で構成されます。

リスニング（約 45 分間・100 問）	Part 1	写真描写問題	4 択	6 問
	Part 2	応答問題	3 択	25 問
	Part 3	会話問題	4 択	39 問
	Part 4	説明文問題	4 択	30 問
リーディング（75 分間・100 問）	Part 5	短文穴埋め問題	4 択	30 問
	Part 6	長文穴埋め問題	4 択	16 問
	Part 7	読解問題	4 択	54 問

リスニングセクション 会話やナレーションの音声を聞いて設問に解答します。

Part 1 写真描写問題　6 問

1 枚の写真に対して 4 つの短い英文が読み上げられます。4 つの中から写真を最も的確に描写しているものを選ぶ問題です。問題文には写真だけが印刷されています。解答時間は 1 問あたり約 5 秒です。

Part 2 応答問題　25 問

1 つの質問・問いかけに対し、3 つの応答（受けこたえ）がそれぞれ 1 回だけ読ま

れます。3つの中から設問に対して最も的確なものを選びます。解答時間は1問あたり約5秒で、5秒経つと次の問題音声が始まります。

Part 3 会話問題 39問

2人または3人による会話を聞き、問題用紙に印刷された設問と解答を読み、4つの選択肢の中から最も適当なものを選びます。各会話には設問が3問ずつあります。図表を見ながら答える問題も出題されます。解答時間は各問約8秒。図表問題は約12秒です。

Part 4 説明文問題 30問

店内放送や留守電メッセージなどひとりの人物による音声を聞いて、問題用紙に印刷された設問と解答を読み、4つの答えの中から最も適当なものを選びます。図表を見ながら答える問題も出題されます。解答時間は各問約8秒。図表問題は約12秒です。

リーディングセクション ▶ 印刷された問題を読んで設問に解答します。

Part 5 短文穴埋め問題 30問

空所のある不完全な文章を完成させるために、4つの答えの中から空所に入る最も適当なものを選びます。

Part 6 長文穴埋め問題 16問

空所のある不完全な文章を完成させるために、4つの答え（単語や句、文）の中から空所に入る最も適当なものを選びます。

Part 7 読解問題 Single Passage: 29問　Multiple Passage: 25問

Eメール、手紙、広告などいろいろな文書（長文）が印刷されています。設問を読み、4つの答えの中から最も適当なものを選びます。文書内の適切な箇所に文を挿入する設問もあります。各文書には設問が数問ずつあります。

● **Single Passage**（1つの文書：10セット29問）

　シングルパッセージ問題：1つの文書だけ提示されます。それについて2～4問の設問に答える形式です。

Multiple Passage（複数の文書）

● **Double Passage**（2つの文書：2セット10問）

　ダブルパッセージ問題：2つの文書が提示されます。それらについて1セット5問の設問に答える形式です。

● **Triple Passage**（3つの文書：3セット15問）

　トリプルパッセージ問題：3つの文書が提示されます。それらについて1セット5問の設問に答える形式です。

基礎トレーニング

Listen & Repeat & Write（聴いて繰り返す、その後に書いてみる）

Practice

STEP 1: Read & Understand（読んで理解する）

STEP 2: Listen & Understand（聴いて理解する）

STEP 3: Listen & Repeat（聴いて、繰り返す）

STEP 4: Read Aloud（音読する）

1 「X（人・もの）は〜である」

🎧 Track 001

I'm James Dunn.
私はジェイムズ・ダンです。

This book is exciting.
この本はとてもわくわくさせます。

Practice 🎧 Track 002

1) I/'m/today's guide.

2) We/are/engineers.

3) We/'re/pleased.

4) This company/is/famous.

5) This/is/Saya.

> 💬 おなじみの中学生用の例文 This is a pen. は TOEIC には出ませんが、第三者に人を紹介したり、新製品を発表する場面で This is 〜. はたびたび使われます。

Words & Phrases

☐ exciting 形 わくわくさせるような　☐ this 限定 この 代名 これ
☐ guide 名 進行役、案内人　☐ engineer 名 技師、技術者
☐ pleased 形 喜んでいる　☐ company 名 （組織としての）会社
☐ famous 形 有名な
be 動 〜である

わたし	I am = I'm	わたしたち	We are = We're
あなた（たち）	You are = You're		
彼 彼女	He is = He's She is = She's	彼ら／それら	They are = They're
それ	It is = It's		

I am = I'm

I
〈だれ〉
わたし

am
〈be〉
である

James Dunn.
〈なに・どんな〉
ジェイムズ・ダン

This book
〈なに〉
この本

is
〈be〉
である

exciting.
〈なに・どんな〉
わくわくさせる

Who is what/how 「X は…である」をあらわすときは〈人・もの＋ be ＋なに・どんな〉の語順になります。

1) わたし(は)/である/今日の案内人
   私が今日の進行役です。

2) わたしたち(は)/である/エンジニア
   私たちはエンジニアです。

3) わたしたち(は)/である/よろこんだ
   私たちはよろこんでいます。

4) この会社(は)/である/有名な
   この会社は有名です。

5) これ(は)/である/サヤ
   こちらが Saya さんです。

Useful Tip

動詞の be は日本語の「は」「が」ではなく「である」に相当します。X is Y. で be の前にくる X を後ろの Y に位置する名詞や形容詞で描写・説明する働きをします。左ページの表のように、be は X の位置に何がくるかで形が変わります。

2 「X は Y にいる／ある」

Target Sentence

She's in New York.
彼女はニューヨークにいます。

Rachel is over there.
レイチェルはあそこにいます。

Practice

1）Mr. Schmitt/is/from Germany.

2）People/are/in the kitchen.

3）Your phone/is/on the table.

4）He/is/at work/now.

5）Our office/is/near the station.

Words & Phrases

☐ in 前 X の中に　☐ over 前 X を越えて　☐ there 副 あそこに
☐ from 前 X から、X 出身の　☐ people 名 人々　☐ kitchen 名 台所
☐ phone 名 電話　☐ on 前 X の上に、X にくっついて
☐ at 前 X（という地点）に　☐ work 名 仕事（場）　☐ now 副 いま
☐ office 名 事務所、（場所としての）会社、仕事場　☐ near 前 X の近くに
☐ the 限定 その　☐ station 名 駅

I	my	me	mine	myself
you	your	you	yours	yourself　yourselves
he	his	him	his	himself
she	her	her	hers	herself
it	its	it	—	itself
we	our	us	ours	ourselves
they	their	them	theirs	themselves

（話題にしている人）　　（いるの be）　　（場所を表す語句）

She　　　is　　in New York.
彼女　　　　　　　いる　　　　ニューヨークに

〈be + in/on/at…〉で「…にいる／ある」を
表現することができます。

1) シュミットさん（は）/（ここに）いる/ドイツから
   Schmitt さんはドイツ出身です。

2) 人々（は）/いる/台所に
   人々は台所にいます。

3) あなたの電話（は）/ある/テーブルの上に
   あなたのケータイはテーブルの上にあります。

4) 彼（は）/いる/仕事のところに/いま
   彼は今仕事中です。

5) 私たちの仕事場（は）/ある/駅の近くに
   私たちのオフィスは駅の近くです。

Useful Tip

「わたし」「かれ」などの代名詞は位置で「X は／が」「X の」「X に」「X のもの」
「X 自身」を表現するので、左ページの表は覚えておかないといけません。

💬 適切な代名詞を入れる問題は Part 5 や Part 6 で出題されます。例えば

Kasumi is in ------- room.

(A) its　(B) her　(C) she　(D) us

正解は（B）

3 「X は〜ではない」

Target Sentence   🎧 Track 005

I'm not hungry now.
わたしは今、おなかがすいていません。

Rich is not in the office now.
リッチは今、オフィスにいません。

Practice   🎧 Track 006

1) I'/m not/a clerk/here.

2) He/'s not/here/now.
   💬 Part 2 での「ササキさんとお話できますか」という電話での応答になり得ます。

3) Tom and Heidi/aren't/in Colorado/this week.

4) This/isn't/my bag.

5) These/aren't/our products.

Words & Phrases

☐ a 限定 ひとつの、ある　☐ clerk 名 店員　☐ here 副 ここに、ここで
☐ and 接 と、そして　☐ week 名 週　☐ bag 名 かばん、袋
☐ these 代名 これら　☐ product 名 製品

I am not hungry now.

1 の否定の文です。基本的に be の後ろに not をおけば良いのですが、I am not ➡ I'm not, He is not ➡ He's not / He isn't のように話し言葉では省略形が使われます。

1) わたし (は) / でない / 店員 / ここ
   わたしは店員ではありません。

2) 彼 (は) / いない / ここに / いま
   彼は今、ここにいません。

3) トムとハイジ (は) / いない / コロラドに / 今週
   Tom と Heidi は、今週 Colorado にはいません。

4) これ (は) / でない / わたしのカバン
   これは、わたしのカバンではありません。

5) これら (は) / でない / わたしたちの製品
   これらは私たちの製品ではありません。

Useful Tip   🎧 Track 007

ひとつの文のなかで大事な単語は強く・長く・はっきりと発音されます。たとえば、下の文では否定を表わす not と具体的に「何でないのか」を示す clerk は他の語よりも強く・長く・はっきり発音されます。

I'm not a clerk here.

4 「X は〜ですか？」

Target Sentence

Are you busy now?
今はお忙しいですか。

Is that your boss?
あちらはあなたの上司ですか。

Practice

Track 009

1）Are/you/from the United States?—No,/I'm/from Canada.

2）Is/Ms. Green/at work/now?—No/, she/isn't.

3）Is/that woman/your boss?—No/, she/isn't.

4）Are/they/new employees?—Yes,/they/are.

5）Are/these/your art works?—No/, they/aren't.

Words & Phrases

□ busy 形 忙しい　□ at work 仕事中の　□ boss 名 上司　□ new 形 新しい
□ employee 名 社員、従業員 🗐中学・高校で習う単語ではないが、ビジネス英語・
TOEIC では大事な語。
□ art work 美術作品 🗐TOEIC では Part を問わず、美術館や展覧会という場面設定
は比較的よく出てきます。

「これは疑問文ですよ」と聞き手に知らせるために be を文の先頭にもってきます。

ふつうの文　　　　　**You are busy.**

疑問文　　　　　　　**Are you　　busy?**

1) ですか？/あなた（は）/アメリカから―いいえ/わたし（は）/です/カナダから
　　アメリカのご出身ですか。―いいえ、カナダ出身です。

2) ですか？/グリーンさん（は）/仕事中で/いま―いいえ/彼女（は）/ではない
　　Green さんは今お仕事中ですか。―いいえ、違います。

3) ですか？/あの女性（は）/あなたの上司―いいえ/彼女（は）/ではない
　　あちらの女性はあなたの上司ですか。―いいえ、彼女は違います。

4) ですか？/彼ら（は）/新入社員―はい/彼ら（は）/である
　　彼らは新入社員ですか。―はい、そうです。

5) ですか？/これら（は）/あなたの美術作品―いいえ/それら（は）/ではない
　　これらはあなたの美術作品ですか。―いいえ、違います。

Useful Tip　　　　　　　　　　　　　　　　🎧 Track 010

ふつうの文はイントネーションが最後下がるのですが、Yes/No をたずねる疑問文はイントネーションが最後で上がります。

I am busy. （↘）

Are you busy? （↗）

5 「Xは…する」

🎧 Track 011

Target Sentence

I take photos.

わたしは写真を撮ります。

Practice

🎧 Track 012

1) My wife / runs / a company.

2) I / like / art.

3) Mindy / sees / clients.

4) Mr. Lee / travels / across the country.

5) We / live / in London.

6) They / speak / Spanish.

Words & Phrases

- [ ] take 動 とる [ ] photo 名 写真 [ ] wife 名 妻
- [ ] run(s) 動 運営する 🗒 TOEIC では「走る」より、こちらの意味でよく使われる。
- [ ] company 名 （組織としての）会社 [ ] like 動 好む、好きである
- [ ] art 名 芸術、美術 [ ] see(s) 動 会う、見る [ ] client 名 顧客
- [ ] travel 動 旅行する [ ] across 前 X を横断して、X を越えて
- [ ] country 名 国 [ ] live 動 住む、生活する [ ] speak 動 話す

Who does what 「X は…をする」は〈人＋する動詞＋なに〉で表わします。He/She のときは形が変わり、-(e)s をつけます。

I **take** **photos.**
〈だれ〉　　〈する〉　　〈なに〉
わたし　　とる　　　写真

He **takes** **photos.**
〈だれ〉　　〈する〉　　〈なに〉
彼　　　　とる　　　写真

1) わたしの妻（は）/経営する/ひとつの会社
わたしの妻は、会社を経営しています。

2) わたし（は）/好きだ/芸術
わたしは芸術が好きです。

3) ミンディー（は）/会う/顧客たち
Mindy は顧客と面会します。

4) リーさん（は）/旅行する/国を横断して
Lee さんは国内を旅します。

5) わたしたち（は）/住む/ロンドンに
私たちはロンドンに住んでいます。

6) 彼ら（は）/話す/スペイン語
彼らはスペイン語を話します。

Useful Tip　　　　　　　　　　　🎧 Track 013

動詞の前で短くポーズ（息つぎ）をとって発音されます。
My wife//runs a company.
Mindy//sees clients.
Mr. Lee//travels across the country.

「Xは…しません」

🎧 Track 014

Target Sentence

I don't use social media.
わたしは SNS を使いません。

She doesn't go to the gym.
彼女はジムに行きません。

Practice

🎧 Track 015

1）I／don't shop／online.

2）We／don't have／any restaurants／in Asia.

3）Wayne／doesn't work／on Fridays.

4）Our boss／doesn't like／meetings.

5）Mr. Takada／doesn't speak／English／well.

6）Sarah and Beth／don't come／to work／on Wednesdays.

Words & Phrases

- [ ] use 動 使う
- [ ] social media ソーシャル・ネットワーキング・サーヴィス、SNS
- [ ] go 動 行く [ ] gym 名 ジム、フィットネスセンター 💬会員資格の更新など TOEIC ではよくある設定。 [ ] shop 動 買い物をする
- [ ] online 副 ネット上で、オンラインで
- [ ] work 動 働く、仕事をする 名 職場、仕事場 [ ] on 前《＋曜日》X に
- [ ] meeting 名 会議、打ち合わせ [ ] well 副 よく、うまく

I <u>use</u> social media.

She <u>goes</u> to the gym.

I don't <u>use</u> social media.
do not

She doesn't <u>go</u> to the gym.
does not

する動詞を否定するときは do not (= don't) を、He/She にあたる単語のときは does not (= doesn't) を使います。

1) わたし (は) /買わない/オンラインで
   わたしはネットで買い物をしません。

2) わたしたち (は) /もっていない/どんなレストラン/アジアに
   我々は、アジアには1店もレストランを所有していません。

3) ウェイン (は) /働かない/金曜日に
   Wayne は、金曜日は仕事をしません。

4) わたしたちの上司 (は) /好きではない/会議
   私たちの上司はミーティングを好みません。

5) タカダさん (は) /話さない/英語/うまく
   Takada さんは、英語があまりうまくありません。

6) サラとベス (は) /こない/職場に/水曜日に
   Sarah と Beth は、水曜日は出勤しません。

Useful Tip   🎧 Track 016

話し言葉では演説や強調する時以外は（do not, does not ではなく）don't, doesn't を使います。また、ここに続く動詞同様、強く長くはっきりと発音されます。

I don't use social media.
She doesn't go to the gym.

---

7 「X は…しますか？」

Target Sentence

Do you play any instruments?
何か楽器を演奏しますか。

Does Tim like music?
ティムは音楽が好きですか。

Practice 🎧 Track 018

1) Do / you / go / on the Internet / every day?—Yes, I / do.

2) Do / you / have / any brothers or sisters?—No, I / don't have / any.

3) Does / Tim / like / music?—No, he / likes / sports.

4) Does / Lisa / speak / French?—Quite a bit.

5) Does / this train / go / to the airport?—Yes, it / does.

6) Does / your company / sell / computers?—No, it / sells / only audio products.

Words & Phrases

☐ instrument 名 楽器 🗨 Part 1 で楽器を演奏している人の写真がよく出る。
☐ on the Internet ネット上で　☐ every 限定《＋X》毎X、どのXも
☐ any 限定《＋X》どんなXも　☐ or 接 あるいは、《X or Y》XかY（か）
☐ quite a bit かなり　☐ train 名 電車
☐ airport 名 空港 🗨 TOEIC 頻出の場面。　☐ sell 動 売る　☐ only 副 ～だけ
☐ audio 形 音（声）の

26

疑問文は文のあたまに Do/Does をつけて作ります。

ふつうの文　**You <u>play</u> <u>some</u> instruments.**

疑問文　**Do you <u>play</u> <u>any</u> instruments?**

ふつうの文　**Tim <u>likes</u> music.**

疑問文　**Does Tim <u>like</u> music?**

1) するか/あなた(は)/行く/インターネット上に/毎日—はい/わたし(は)/します
   毎日インターネットを利用しますか。—はい、使います。

2) するか/あなた(は)/もっている/兄弟とか姉妹ならなんでも—いいえ/わたし(は)/もっていません/誰も
   ごきょうだいはいますか。—いいえ、いません。

3) するか/ティム(は)/好む/音楽—いいえ/彼(は)/好む/スポーツ
   Tim は音楽が好きですか。—いいえ、彼はスポーツが好きです。

4) するか/リサ(は)/話す/フランス語—かなり
   Lisa はフランス語を話しますか。—ええ、かなり。

5) するか/この電車(は)/行く/空港へ—はい/それ(は)/する
   この電車は空港へ行きますか。—はい、行きます。

6) するか/あなたの会社(は)/売る/コンピューター—いいえ/それ(は)/売る/オーディオ製品のみ
   御社はコンピュータを販売していますか。—いいえ、音響機器だけです。

Useful Tip

漠然とした数・量を表わすときは some を使いますが、これを疑問文にすると、「どんなものでも」という意味になり通常 any に変わります。
You have <u>some</u> money. ➡ Do you have <u>any</u> money?

8 「何（のX）をYは…しますか？」

🎧 Track 019

What do you have in your hand?
手に何を持っていますか。

What company does Ms. Novak own?
ノヴァクさんは、なんの会社を所有していますか。

Practice 🎧 Track 020

1) What/do/you/want/for dessert?—I/'d like/the cheese cake.

2) What/do/you/do/on weekends?—I/just relax.

3) What/does/the woman's business/sell?—Accessories.

💬 これは Part 2 や Part 3 でそっくりそのまま出てもおかしくありません。

4) What company/does/Maki/own?—She/runs/an IT company.

5) What kind of movies/do/you/like?—Anything/except for horror movies.

Words & Phrases

☐ want 動 望む、欲しがる　☐ for 前 X のために　☐ dessert 名 デザート
☐ 'd like = would like = want　☐ do 動 する　☐ on weekends 週末に
☐ just 副 単に、ただ　☐ relax 動 ゆっくりする、くつろぐ　☐ sell 動 売る
☐ accessory 名 アクセサリー　☐ own 動 所有する　☐ run 動 運営する
☐ kind 名 種類　☐ anything 代名 何でも　☐ except for X X を除いて

分かっていない部分に what を入れる ➡ 前に出して疑問文の語順

You have what in your hand?
What do you have in your hand?

What +X で「なんの X」というときは、このカタマリごと前に出す

Ms. Novak owns what company?
What company does Ms. Novak own?

1) 何？/するか/あなた（は）/ほしがる/デザートのために―わたし（は）/ほしい
   /チーズケーキ
   デザートは何がいいですか。―チーズケーキをいただきます。

2) 何？/するか/あなた（は）/する/週末に―わたし（は）/単にくつろぐ
   週末は（普段）何をしますか。―ただゆっくりしています。

3) 何？/するか/その女性の会社（は）/売る―アクセサリー
   女性の会社では何を販売していますか。―アクセサリーです。

4) 何の会社？/するか/マキ（は）/所有する―彼女（は）/運営する/IT 企業
   Maki は何の会社を所有していますか。― IT 企業を経営しています。

5) どんな種類の映画？/するか/あなた（は）/好む―なんでも/ホラー映画を除
   いて
   どんな映画が好きですか。―ホラー映画以外なら何でも。

Useful Tip   🎧 Track 021

Yes/No をたずねる疑問文と違って、イントネーションはふつうの文と同じで
最後は下がります。

What do you want for dessert?（↘）

I'd like the cheese cake.（↘）

9 「…しなさい」

Target Sentence 🎧 Track 022

Ask Michelle.
ミシェルに訊いて。

Don't be late for the meeting tomorrow.
明日の会議に遅れないで。

Practice ▶ 🎧 Track 023

1) Watch/your step.

2) Give/me/a few minutes.

3) Don't work/too hard.

4) Turn/left/at the second corner.

5) Be/careful! This/is/very hot.

6) Please/don't take/photos/in the museum.

Words & Phrases

□ ask 動 たずねる　□ late 形副 遅れて (いる)
□ watch 動 注意して見る、注意する　□ step 名 足の運び、歩み
□ give 動 あげる、与える　□ a few X 少しの X　□ minute 名 分
□ too 副《+～》あまりに (～すぎる)　□ hard 副 懸命に、はげしく
□ turn 動 曲がる、向く　□ left 形副 左の、左に　□ second 形 2 番目の
□ corner 名 角　□ careful 形 注意深い　□ very 服 とても　□ hot 形 熱い
□ please 間投 どうぞ、どうか　□ museum 名 美術館、博物館

30

~~You~~ ask Michelle.

動作の前に人が来ません。相手が You なのは当たり前なので省略するのだと考えてもよいです。 💬TOEIC では、何か質問をされたときに I don't know.「知らない」と言う代わりに、「自分は答えは知らないが、ミシェルなら知っている」というような状況で使われます。

Don't be late for the meeting tomorrow.

「〜するな」と命令する時は Don't ＋動詞の原形

1）注意しろ/あなたの足元
   足元に気をつけて。

2）あたえなさい/わたし（に）/数分
   数分ください。

3）働くな/あまりに一生懸命に
   働き過ぎないで。

4）曲がれ/左に/2番目の角で
   2番目の角を左折します。

5）であれ/注意深い　これ/である/とても熱い
   気をつけて！これはすごく熱いです。

6）どうか/とるな/写真/美術館で
   美術館の中では写真を撮らないでください。

Useful Tip

命令文に Please をつけると少しだけやわらかい響きはしますが、命令文であることに変わりません。人に頼み事をするときなど相手への気遣いを表すには、相手に選択肢を疑問文の形にする必要があります。 ☞ p.86

Please ask Michelle.

Target Sentence 🎧 Track 024

Jim is eating a doughnut now.

ジムはドーナツを食べています。

Practice 🎧 Track 025

1) She/'s looking/at the screen.

2) He/'s making/a phone call.

3) They/'re sitting/at a table.

4) I/'m calling/to make an appointment with Dr. Sue.

5) They/'re playing/instruments.

6) Neil/is not giving/a speech/at the moment.

Words & Phrases

☐ (eating <) eat 動 食べる ☐ (looking <) look 動 目を向ける、見る
☐ screen 名 画面 ☐ (making <) make 動 作る、する
☐ (sitting <) sit 動 座る
☐ (calling <) call 動 電話する (= make a phone call)
☐ make an appointment 予約する ☐ with 前 X と（一緒に）
☐ (playing <) play 動《＋楽器》演奏する ☐ instrument 名 楽器
☐ give a speech スピーチをする ☐ at the moment いま (= now)

💬 Part 1 では写真内の人物の動作にあてはまる描写を選ぶものが多いので、〈人 + be + doing〉はよく出ます。

習慣　　　　　**Jim eats a doughnut every morning.**

一時的な出来事　**Jim is eating a doughnut now.**
　　　　　　　　　be + doing

今行なわれている動作を表現するときは〈be+doing〉を使います。否定のときは、〈be not+doing〉

1）彼女（は）/目を向けている/画面に
　　彼女は画面を見つめています。

2）彼（は）/している/電話
　　彼は電話をかけています。

3）彼ら（は）/座っている/テーブルに
　　彼らはテーブルに着席しています。

4）わたし（は）/電話している/スー先生と予約するために
　　Sue 先生の予約を取りたくてお電話しています。

5）彼ら（は）/演奏している/楽器
　　彼らは楽器を演奏しています。

6）ニール（は）/していない/スピーチ/いま
　　Neil は今現在スピーチはしていません。

Useful Tip　　　　　　　　　　　　　　🎧 Track 026

動詞の doing 形を発音するとき、決して語尾の ing の部分を強く読んではいけません。eating / looking / making / sitting / calling / playing / giving のように発音します。

11 「Xは…しているか？」

Track 027

Target Sentence

Are you leaving?

出発するところですか。

Practice

Track 028

1) Are / you / leaving?—Yes / , I / am.

2) Is / she / working on / her sales report?—No / , she / is doing / something else.

3) Is / Rob / seeing / a client / in his office?—Yes / , he / is.

4) Are / the actors / performing / on the stage?—Yes / , they / are.

5) Is / it / still raining / outside?—No / , it / stopped.

Words & Phrases

□ (leaving <) leave 動 去る、離れる   □ work on X X に取り組む
□ sales report 営業報告書   □ something 代名 何か   □ else 副 そのほかに
□ see(ing) 動 会う   □ client 名 顧客   □ actor 名 役者、俳優
□ perform(ing) 動 演じる
□ stage 名 舞台 💬 舞台・演劇も TOEIC 頻出トピックのひとつです。
□ still 副 いまだに   □ rain(ing) 動《it ...》雨が降る   □ outside 副 外で

10 の疑問文です。 4 で学んだ動詞が be の文の疑問文の作り方と同じです。

ふつうの文　　**You are leaving.**

疑問文　　**Are you leaving?**

1) ですか?/あなた(は)/出発している―はい/わたし(は)/である
   出発するところですか。―はい、そうです。

2) ですか?/彼女(は)/取り組んでいる/彼女の営業報告書―いいえ/彼女(は)/
   している/ほかに何か
   彼女は売上報告書を作っているところですか。―いいえ、何か他の作業を
   しています。

3) ですか?/ロブ(は)/会っている/顧客/彼のオフィスで―はい/彼(は)/して
   います
   Rob は、彼のオフィスで顧客と面会中ですか。―はい、そうです。

4) ですか?/その俳優たち(は)/演じている/舞台の上で―はい/彼ら(は)/して
   いる
   俳優たちはステージで演技しているところですか。―はい、そうです。

5) ですか?/天気の状況(は)/まだ降っている/外で―いいえ/雨(は)/止まった
   外はまだ雨が降っていますか。―いいえ、止みました。

Useful Tip

状態を表わす動詞は *doing* の形にできません。
× Are you having a car? → Do you have a car?
× Are you knowing that girl? → Do you know that girl?

12 「Xは何をしているか？」

🎧 Track 029

Target Sentence

What is the woman doing? —She's putting on a sweater.

その女の人は何をしていますか。―彼女はセーターを着ているところです。

Practice ▶ 🎧 Track 030

1) What / are / you / doing? —I'm writing / an e-mail.

2) What / is / Kevin / doing / upstairs? —He's practicing / a presentation.

3) What / are / you / making? —I'm making / presentation slides.

4) What / are / you / reading? —I'm reading / some meeting documents.

5) What / are / these people / doing? —They're talking / about their new products.

Words & Phrases

☐ put X on = put on X　X を身につける（着用行為を表わす。着ている状態は wear）💬 この違いは Part 1 でよく問われます。　☐ (writing <) write 動 書く
☐ upstairs 副 階上で　☐ (practicing <) practice 動 練習する
☐ presentation 名 発表、プレゼン💬 リスニングでプレゼンはよく出てくる話題です。
☐ slide 名 スライド　☐ document 名 資料、文書
☐ these 限定 これらの　☐ talk about X　X について話す
☐ product 名 製品

The man is doing what.

What is the man doing?

1) 何？／ですか／あなた（は）／している―わたし（は）／書いている／E メール
   何をしているところですか。―メールを書いています。

2) 何？／ですか／ケヴィン（は）／している／階上で―彼（は）／練習している／プレゼン
   Kevin は上の階で何をしているのですか。―プレゼンの練習をしています。

3) 何？／ですか／あなた（は）／作っている―わたし（は）／作っている／プレゼンの
   スライド
   何を作っているのですか。―プレゼンのスライドを作っています。

4) 何？／ですか／あなた（は）／読んでいる―わたし（は）／読んでいる／会議の資料
   何を読んでいるのですか。―会議の資料を読んでいます。

5) 何？／ですか／これらの人々（は）／している―彼ら（は）／話している／彼ら（の
   会社）の新製品について
   これらの人々は何をしているのですか。―新商品について相談しています。

Useful Tip   🎧 Track 031

つづり字の多い、長い単語はとにかく強勢のある音節を強くはっきりと発音
することが大切です。
up·stairs / prac·ti·cing / pre·sen·ta·tion / doc·u·ment / prod·uct

13 「Xは…できる／できない」

🎧 Track 032

Rich can use this software.

リッチはこのソフトウェアを使うことができます。

Practice 🎧 Track 033

1）Eric／can speak／some Japanese.

2）Tak／can play／the guitar／very well.

3）You／can park／in this space.

4）I／can't work／any longer／today.

5）I／can't hear／you.

6）We／can't fix／this problem／ourselves.

Words & Phrases

☐ speak 動 話す、しゃべる　☐ well 副 うまく、よく
☐ park 動 駐車する 🗨駐車に関する話題も TOEIC にはよく出ます。
☐ space 名 空間、（何かをするための）場所　☐ longer 形 (< long) より長い
☐ hear 動 耳にする、聞く（注意して何かを聴く場合は listen to X）
☐ fix 動 直す、修理する　☐ problem 名 問題
☐ ourselves 代名 わたしたち自身（で）

38

Rich uses this software.

Rich can use this software.

「彼（女）」にあたることばが来ても× can uses のようには変化しない

　　　〈can + 動詞の原形〉「…できる」

1) エリック（は）/話すことができる/いくらかの日本語
   Eric は少し日本語を話すことができます。

2) タク（は）/演奏できる/ギター/とてもうまく
   Tak はギターを弾くのがとても上手です。

3) あなた（は）/駐車することができる/このスペースに
   ここに駐車できます。

4) わたし（は）/働くことができない/これ以上長く/きょう
   今日はこれ以上残業できません。

5) わたし（は）/聞こえない/あなたのいうこと
   聞こえません。

6) わたしたち（は）/直すことができない/この問題/わたしたち自身で
   私たちの力ではこの問題を修正することができません。

Useful Tip　　　　　　　　　　　　　　　　🎧 Track 034

否定は正式には cannot ですが、話し言葉では普通は can't /kænt/ となり、
かなりはっきり発音されます。can は /kən/ という発音で、続く動詞に比べて
あまり強く発音されません。

I can hear you.

I can't hear you.

「Xは…できるか？」

Target Sentence 🎧 Track 035

Can you hear me?

私の声が聞こえますか。

Practice 🎧 Track 036

1）Can/you/fix/this computer?—Yes/, I/can.

2）Can/Lisa/give/a presentation/in French?—No/, her French/is not/that good.

3）Can/your husband/cook?—Yes/, he/'s/a very good cook.

4）Can/you/see/the building over there?—Yes/, it/'s/a very unique building.

5）Can/they/read/Chinese?—I/don't think/so.

> 💬 Part 2 では Yes/No をたずねる疑問文に Yes/No を使わない応答をすることがよくあります。

Words & Phrases

☐ give a presentation プレゼンをする　☐ that 副 それほど
☐ cook 動 名 料理する（人）　☐ husband 名 夫　☐ unique 形 独特の
☐ building 名 建物　☐ read 動 読む　☐ think 動 考える、思う
☐ so 副 そのように

ふつうの文	**You can hear me.**
疑問文	**Can you hear me?**

1) できる/あなた（は）/直す/このコンピューター—はい/わたし（は）/できる
   このコンピューターを直すことができますか。—はい、できます。

2) できる/リサ（は）/する/プレゼン/フランス語で—いいえ/彼女のフランス語
   （は）/でない/そんなによい
   Lisa は、フランス語でプレゼンができますか。—いいえ、彼女のフランス
   語はそれほど上手ではありません。

3) できる/あなたの夫（は）/料理する—はい/彼（は）/である/とてもよい料理を
   する人
   あなたのご主人は料理ができますか。—ええ、料理がとても上手です。

4) できる/あなた（は）/見る/向こうにある建物—はい/それ（は）/である/とて
   も特徴的な建物
   向こうの建物が見えますか。—はい、とても特徴的な建物ですね。

5) できる/彼ら（は）/読む/中国語—わたし（は）/思わない/そのように
   彼らは中国語が読めますか。—読めないと思います。

Useful Tip

My husband is a good cook. = My husband cooks well. / Lisa is a good
singer. = Lisa sings well. ということで、cook や singer が必ずしもプロの
「料理人」「水泳選手」を示すわけではありません。

15 「Xは…した」

🎧 Track 037

I worked overtime yesterday.

昨日、残業しました。

Practice 🎧 Track 038

1) I／called／Ms. Thomson／a few days ago.

2) Rob／visited／our Los Angeles office／yesterday.

3) He／lived／in Paris／for a few years.

4) Mr. Kent／came／to our office／with some colleagues／last Wednesday.

5) Heather／went／to Bangkok／and／gave／a presentation.

Words & Phrases

☐ overtime 副 超過勤務で、定時を過ぎて　☐ sometimes 副 ときどき
☐ a few Xs 数 X　☐ ago 副《~ ago》～前に　☐ visit(ed) 動 訪れる
☐ for 前《+X（時間）》X のあいだ
☐ colleague 名 同僚 💬 Part 3, Part 4 で Who's Ms. Tsuchiya ?「ツチヤさんとは誰ですか」のような人の属性をたずねる問題の答えになることも。
☐ last 形《+ X》この前の、昨 X、先 X　☐ came < come　☐ went < go

現在の文 **I work overtime sometimes.**

過去の文 **I worked overtime yesterday.**

動詞を -ed 形（過去形）に変える。+(e)d でつくるものが多いが、come ➡ came
のように覚えなければいけないことも ☞ 動詞活用リスト p.187

1) わたし（は）/電話した/トムソンさん（に）/数日前に
   数日前に Thomson さんに電話しました。

2) ロブ（は）/訪れた/私たち（の会社）のロサンゼルス事務所/昨日
   Rob は昨日弊社のロサンゼルス支社を訪ねました。

3) 彼（は）/住んでいた/パリで/数年のあいだ
   彼は数年間 Paris に住んでいました。

4) ケントさん（は）/来た/私たちのオフィスに/何人かの同僚と一緒に/この前
   の水曜日
   Kent さんは、先週の水曜日に同僚と一緒に私たちのオフィスに来ました。

5) ヘザー（は）/行った/バンコクに/そして/した/プレゼン
   Heather は Bangkok へ行ってプレゼンをしました。

Useful Tip 🎧 Track 039

/f/ /v/ は上の歯を下唇にこするようにして発音します。
I worked overtime yesterday. // I called Ms. Thomson a few days ago. //
Rob visited our Los Angeles office yesterday. // He lived in Paris for a few
years. // Mr. Kent came to our office with some colleagues last
Wednesday. // Heather went to Bangkok and gave a presentation.

16 「Xは…しなかった／Xは…したか？」

🎧 Track 040

Did Sarah come to our sales meeting?—No, she didn't.

サラは営業会議に来ましたか？—いいえ、来ませんでした。

Practice ▶

🎧 Track 041

1) We / didn't hold / a party / yesterday.

2) Ms. Winston / didn't say / anything about the event.

3) Did / you contact / Mr. Miller / yesterday?—Yes / I / talked / with him.

4) Did / you / watch / the soccer game / last night?
   —No / I / didn't.

5) Did / you / win / the prize?—Yes / I / did.

Words & Phrases

☐ sales meeting 営業会議 ☐ hold a party パーティーを開く
☐ say 動 言う ☐ anything 代名 なんでも ☐ event 名 行事
☐ contact 動 連絡する ☐ watch 動 観る ☐ game 名 試合
☐ win 動 勝つ、勝ち取る
☐ prize 名 賞 💬 社内・社外で賞の受賞はよくある設定です。

ふつうの文　Sarah came to our sales meeting.

didn't (= did not) + 動詞の原形
否定の文　Sarah didn't come to our sales meeting.

Did を文頭に
疑問文　Did Sarah come to our sales meeting?

1) わたしたち（は）/開かなかった/パーティー/昨日
　私たちは昨日パーティーを開催しませんでした。

2) ウィンストンさん（は）/言わなかった/その行事について何も
　Winston さんは、そのイベントについて何も言いませんでした。

3) したか？/あなた（は）/連絡する/ミラー氏/昨日―はい/わたし（は）/話した/
　彼と
　昨日 Miller さんに連絡を取りましたか。―はい、彼と話しました。

4) したか？/あなた（は）/観る/そのサッカーの試合/昨夜―いいえ/わたし（は）
　/しなかった
　昨晩サッカーの試合を観ましたか。―いいえ、観ませんでした。

5) したか？/あなた（は）/勝ち取る/その賞―はい/わたし（は）/した
　受賞したんですか。―はい、しました。

Useful Tip
🎧 Track 042

/θ/ /ð/ は舌の先を歯の間から突き出して引
くようにして発音します。
/θ/　think anything athlete month

/ð/　the there other with

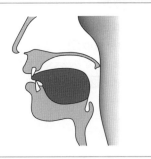

17 「X は〜だった」

🎧 Track 043

Target Sentence

I was busy.
私は忙しかった。

They were at work.
彼らは仕事中でした。

Practice

🎧 Track 044

1) I / was / very tired / yesterday.

2) We / were / very happy / at that time.

3) The workshop / was / very useful.

4) Steve / wasn't / at the office.

5) We / weren't / in the building / then.

Words & Phrases

☐ tired 形 疲れた（状態の）　☐ at that time そのとき
☐ workshop 名 研修会、講習会 📝 TOEIC 頻出トピック。申し込み方法や、講師や
司会は誰か、などがよく問われます。
☐ useful 形 役に立つ　☐ then 副 そのとき

be: -ed 形

I was	We were
You were	
He/She/It was	They were

前に何がくるかで was, were と過去形がばらつくことに注意
否定は wasn't (= was not), weren't (= were not)

1) わたし（は）/でした/とても疲れた/きのう
　　私は昨日とても疲れていました。

2) わたしたち（は）/でした/とてもうれしい/そのとき
　　私たちはそのときとても幸せでした。

3) その研修会（は）/でした/とても役に立つ
　　そのワークショップはとても役に立ちました。

4) スティーヴ（は）/いなかった/事務所のところに
　　Steve は席を外していました。

5) わたしたち（は）/いなかった/その建物のなかに/そのとき
　　私たちはそのときその建物内にはいませんでした。

Useful Tip

過去のときを表わす語句の使い方を覚えておきましょう。

yesterday（きのう（の））	yesterday yesterday morning/afternoon/evening
ago（X 前に）	a few minutes/hours/months/years ago
last（昨 X、先 X）	last night/week/month/summer/year last Friday/May

18 「Xは〜だったか？」

Track 045

Target Sentence

Were you at work?
あなたは仕事中でしたか。

Was the train crowded?
その電車は混んでいましたか。

Practice

Track 046

1) Were / you / busy / last weekend? —Yes / , I / had / so many things to do.

2) Was / the ticket / expensive? —No / , it / wasn't.

3) Was / the movie / interesting? —No / , it / was / a bit boring.

4) Were / you / in the office / this morning? —Yes / , I / was.

5) Was / the mayor / an athlete? —Yes / , she / was / a swimmer.

Words & Phrases

☐ crowded 形 混んだ　☐ so 副 それほど、あまりに
☐ thing(s) to do するべきこと　☐ ticket 名 切符、入場券
☐ expensive 形 （値段が）高い、高価な　☐ interesting 形 興味を引く
☐ a bit 少し　☐ boring 形 退屈な
☐ mayor 名 市長 💬 中高の教科書や英会話のテキストではなじみのない語だが、TOEIC
では建設計画に市がからむことがあり頻出語。
☐ athlete 名 運動選手

48

ふつうの文　You were at work.　The train was crowded.

疑問文　Were you at work?　Was the train crowded?

1) だった/あなた(は)/忙しい/この前の週末―はい、わたし(は)/持っていた/
あまりにたくさんのするべきこと
先週末は忙しかったですか。―はい、することがたくさんありました。

2) だった/その入場券(は)/値段が高い―いいえ/それ(は)/でなかった
そのチケットは高額でしたか。―いいえ、高くありませんでした。

3) だった/その映画(は)/興味をひく―いいえ/それ(は)/だった/ちょっと退屈
な
その映画は面白かったですか。―いいえ、少し退屈でした。

4) いた/あなた(は)/オフィスに/この朝―はい/わたし(は)/いた
今朝オフィスにいましたか。―はい、いました。

5) だった/その市長(は)/運動選手―はい/彼女(は)/だった/水泳選手
その市長はアスリートでしたか。―はい、水泳選手でした。

Useful Tip   🎧 Track 047

子音で終わるとき、余計な母音をつけないで発音する練習をしましょう。
/s/（×ス）office　　　this
/z/（×ズ）was　　　　things
/t/（×ト）ticket　　　athlete
/d/（×ド）crowded　　had
/v/（×ヴ）expensive　have

19 「Xは〜していた」

🎧 Track 048

We were attending a meeting.

私たちはミーティングに出席していました。

Practice ▶

🎧 Track 049

1) Amanda/was meeting/a client/then.

2) We/were holding/an event/in the convention center.

3) It/wasn't raining/last night.

4) Were/you/working/at that time?—No/, I/was taking/a day off.

5) Was/Wendy/talking/with Mr. Jones?—Yes/, she/was.

Words & Phrases

☐ attend(ing) 動 出席する　☐ meet(ing) 動 会う　☐ client 名 顧客
☐ hold an event 行事を開催する 🗨 イベントの企画・準備・開催は TOEIC 頻出の
話題。　☐ convention center コンベンションセンター、展示会場 🗨 TOEIC
には専門職の人が集まる数日にわたって開催される学会がよく出てきますが、会場にあたる
のがこの場所です。　☐ take a day off 休みを取る

過去に終わったこと　We　attended　a meeting yesterday.

過去の一時点での動作　We　were attending　a meeting then.
〈was/were + *doing*〉

1) アマンダ（は）/会っていた/顧客（と）/そのとき
   Amanda はそのとき顧客と会っていました。

2) わたしたち（は）/開いていた/イベント/その展示会会場で
   私たちはコンベンションセンターでイベントを開催していました。

3) 天気の状況（は）/雨が降っていなかった/昨夜
   昨夜は雨が降っていませんでした。

4) だった/あなた（は）/働いている/そのとき―いいえ/わたし（は）/取っていた
   /お休みの日
   その時仕事をしていましたか。―いいえ、休暇を取っていました。

5) だった/ウェンディー（は）/話している/ジョーンズ氏と―はい/彼女（は）/し
   ていた
   Wendy は Jones さんと話をしていましたか。―はい、していました。

Useful Tip

 Track 050

/l/ は上の歯茎に舌の先をくっつけて息を出
すのが原則ですが、これは ❶ last, client
のように母音が続くときで、❷ hold, milk
のように音節の最後のときは、歯茎につく
かつかないかぐらいの位置でかまいませ
ん。また、❸ walk, talk はつづり字に入っ
ていますが、/l/ は発音されません。

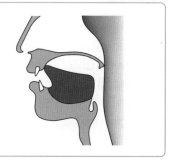

20 「X にある／の上の／…Y」

🎧 Track 051

Target Sentence

The phone on the table is mine.
テーブルの上のケータイは私の（もの）です。

A company in India contacted us.
インドのとある会社が我々に連絡をしてきました。

Practice ▶

🎧 Track 052

1) We／had／some visitors from Norway.

2) The clock above the window／is／very old.

3) The things in the box／are／for tomorrow's event.

4) This／is／a movie about a girl with special skills.

5) Some of our company's engineers from Montreal／can speak／French.

6) Do／you／know／that woman in the blue dress?
   —Yes／, she／'s／Ms. Browne.

Words & Phrases

□ visitor 名 訪問者　□ from 前 X からの　□ clock 名 置き時計
□ window 名 窓　□ above 前 X の上に　□ old 形 古い
□ thing 名 もの、こと　□ box 名 箱　□ for 前 X のために、X の目的で
□ with 前 X を備えた　□ special 形 特別な　□ skill 名 技術
□ engineer 名 技術者、技師　□ know 動 知っている　□ in 前 X を着た

52

💬 英語が苦手な人は「文法＝文（sentence）のつくり方」と考えるようで、〈もの・こと＋描写の語句〉という隠れた重要事項を見逃しています。苦手を克服したい人はていねいにここを学習してください。

描写の語句が前　　**My new phone**
私の新しいケータイ

描写の語句が後ろ　**The book on the table**
テーブルの上にあるその本

A company in India
インドに位置するある会社

1) わたしたち（には）/あった/ノルウェーからの訪問客たち
ノルウェーからの来客がありました。

2) その窓の上にある時計（は）/である/古い
窓の上の時計はとても古いです。

3) その箱の中にあるもの（は）/である/明日の行事のために
その箱の中のものは明日の行事のためのものです。

4) これ（は）/である/特別な能力を備えた女の子についての映画
これは、特殊能力を持った一人の少女についての映画です。

5) モントリオールからの私たちの会社の技術者のうちの何人か（は）/話すことができる/フランス語
当社の Montreal 出身の数人のエンジニア達は、フランス語を話すことができます。

6) ですか/あなた/知っている/青いドレスを着たあの女性—はい/彼女（は）/である/ブラウンさん
青いドレスを着たあの女性を知っていますか。— Browne さんです。

| Useful Tip |

on, in, at, with, from, above...といった前置詞は文法的には重要な語ですが、文の中では強く発音される語ではありません。

21 「Xを見る／聴く／話す／…」

Target Sentence

The man is looking at the sign.
その男性は看板を見ています。

People are listening to music.
人々は音楽を聴いています。

Practice

1) Laura／is talking with／a customer.

2) Peter／is looking for／his phone.

3) I／got to／the airport／before noon.

4) They／arrived at／the hotel／early.

5) What／are／you／talking about?—About our new marketing campaign.

Words & Phrases

☐ look at X　X を見る　☐ sign 名 標識　☐ listen to X　X を聴く
☐ talk with X　X と話す　☐ customer 名 訪問者　☐ look for X　X を探す
☐ get to X　X に着く　☐ airport 名 空港　☐ before 前 X の前に
☐ noon 名 正午　☐ arrive at X　X に到着する　☐ early 副 早く
☐ talk about X　X について話す
☐ marketing campaign　販売促進活動、販売キャンペーン 🗨 TOEIC で比較的
よく出る話題。

eat French food フランス料理を食べる
動作　　動作の対象

look at the sign 看板を見る
　　動作　　動作の対象

listen to music 音楽を聴く
　　動作　　動作の対象

動作が1語とは限りません。2語（以上）になることもあります。

1) ローラ（は）/話しています/1人の顧客

   Laura は客と話しています。

2) ピーター（は）/探しています/彼の電話

   Peter は自分の電話を探しています。

3) わたし（は）/着いた/その空港/正午前に

   お昼前に空港に着きました。

4) 彼ら（は）/到着した/そのホテル/早く

   彼らはホテルに早く着きました。

5) なに/ですか/あなた（は）/について話す—私たち（の会社）の新しい販売促進
   運動について

   何について話しているのですか。—新しい販売キャンペーンについてです。

Useful Tip

日本語の助詞「てにをは」（英語では particles という）と同じで at, to, with,
for など基本的な前置詞は覚えておかないと使えません。他に、go/come to
X（X に行く／来る）/ speak with/to X（X に／と話す）/ live in X（X に住む）
/ leave for X（X に向かって出発する）/ say to X, "..."（X に「…」という）/
think about/of X（X について／のことを考える）

22 「Xに遅れる／Xとは異なる／Xは得意である／…」

🎧 Track 055

I was late for the meeting this afternoon.

私は今日の午後、ミーティングに遅れました。

Practice

🎧 Track 056

1) This new model/is different from/the previous one.

2) Harry/is good at/numbers.

3) We/'re interested in/your skills.
   💬 人事担当が候補者に面接をしたいと連絡するときにこう言います。

4) We/are pleased with/the results.

5) Katie/is responsible for/marketing in Asia.

6) Our city/is known for/its beautiful beaches.

Words & Phrases

☐ afternoon 名 午後　☐ model 名 型　☐ previous 形 以前の
☐ one 代名 《前の名詞の代わりとして》(〜な) もの　☐ result 名 結果
☐ marketing 名 販売促進　☐ city 名 市、都市　☐ beautiful 形 美しい
☐ beach 名 海岸

be late for X のような〈be ＋形容詞＋前置詞〉はまとめて 1 つの動詞のように
とらえると簡単です。

1）この新しい型（は）/異なる/前の型
　　この新しいモデルは、旧モデルとは異なります。

2）ハリー（は）/得意である/数字（全般）
　　Harry は数字が得意です。

3）わたしたち（は）/興味がある/あなたの技術
　　あなたのスキルに興味があります。

4）わたしたち（は）/喜んでいる/その結果
　　私たちはその結果に喜んでいます。

5）ケイティ（は）/責任がある/アジア地域での販売促進
　　Katie はアジアのマーケティングを担当しています。

6）私たちの都市（は）/知られている/その美しい海岸
　　私たちの街は美しいビーチで有名です。

Useful Tip

🎧 Track 057

その他、これらの表現もよく使われます。余裕があれば覚えましょう。
Ken is afraid of his boss.「Ken は上司を恐れている」Neil is worried about
the presentation tomorrow.「Neil は明日のプレゼンを心配している」Ehime
is famous for its mandarin oranges.「愛媛はみかんで有名だ」My boss is
happy with my performance.「上司はわたしの業績に満足している」Billie
Eilish is popular with teens.「Billie Eilish は十代に人気だ」

23 「何時に〜？」「いつ〜？」

What time is it?—It's ten to eleven.

何時ですか。—11 時の 10 分前です。

Practice 　　🎧 Track 059

1) What time / do / you / leave / home?—Usually / at seven thirty.

2) What time / does / your boss / usually come / to work?—At eleven A.M. / but / sometimes / around two P.M.

3) What time / did / you / leave / the office / yesterday?—A little bit after five.

4) When / is / the next sales meeting?—Next Friday.

5) When / do / we / hold / our annual event?—In the middle of summer.

6) When / did / you / start / your business?—A few years ago.

Words & Phrases

- ☐ leave home 家を出る　☐ usually 副 たいてい
- ☐ come to work 職場に来る、出社する　☐ sometimes 副 ときどき
- ☐ around 前《＋時刻》X ごろ　☐ leave 動 去る、離れる　☐ a little bit 少し
- ☐ after 前《＋時刻》X のあとに　☐ next 形 次の　☐ sales meeting 営業会議
- ☐ hold 動 開催する　☐ annual 形 毎年行なわれる、年次の
- ☐ in the middle of X X の中頃で　☐ start 動 開始する　☐ business 名 事業

58

時間をたずねるときの表現です。What time のように細かい時刻ではないときを
たずねるときは When を使います。

🎧 Track 060

When does Maria play tennis?—She plays with Jessica after lunch every day.

マリアは（普段）いつテニスをしますか。—毎日昼食後、ジェシカとします

1) 何時に？／するか／あなた（は）／出る／家—たいてい／7 時 30 分
   （普段）何時に家を出ますか。—たいてい 7 時 30 分です。

2) 何時に？／するか／あなたの上司（は）／たいてい来る／職場に—午前 11 時／し
   かし／ときどき／午後 2 時ごろ
   あなたの上司は普段何時に出社しますか。—午前 11 時ですが、午後 2 時ご
   ろのこともあります。

3) 何時に？／したか／あなた（は）／離れる／会社／きのう—5 時よりちょっと後
   昨日は何時に退社しましたか。—5 時過ぎです。

4) いつ？／ですか／次の営業会議—今度の金曜日（に）
   次の営業会議はいつですか。—今度の金曜日です。

5) いつ？／するか／わたしたち（は）／開く／わたしたちの毎年の行事／夏の中頃に
   年中行事はいつ開催しますか。—真夏です。

6) いつ？／したか／あなた（は）／はじめる／あなたの事業—数年前に
   いつ事業を始めたのですか。—数年前です。

Useful Tip

🎧 Track 061

時刻の特殊な読み方
5:05 It's five-oh-five. = It's five after five. / 12:00 P.M. It's noon. = It's twelve
P.M. / 12:00 A.M. It's midnight. = It's twelve A.M. / 3:50 It's ten to four. / 4:45
It's a quarter to five. / 5:15 It's a quarter after five. / 8:30 It's half past
eight.

24 「どこ(に)〜?」

Track 062

Where is Rich?
リッチはどこにいますか。

Where do you live?
お住まいはどちらですか。

Practice ▶

Track 063

1) Where/'s/Paul?—He/'s/downstairs.

2) Where/is/the bank?—It/'s/across from the post office.

3) Where/were/you/at that time?—I/was/at work.

4) Where/do/you/live?—I/live/in the center of the city.

5) Where/did/you/meet/Mr. Browne?—I/saw/him/at a conference.

6) Where/can/I/sign up?—Just over there.

Words & Phrases

- [ ] downstairs 副 階下に   [ ] across from X X の向こう側 [反対側] に
- [ ] post office 郵便局   [ ] at that time そのとき (= then)
- [ ] at work 仕事中の   [ ] in the center of X X の中心に
- [ ] meet 動 (出) 会う   [ ] see 動 会う
- [ ] conference 名 大きな会議 (日常行なう小さなものは meeting)
- [ ] sign up 登録する   [ ] just 副 ちょうど、まさに   [ ] over there あそこに

郵 便 は が き

料金受取人払郵便

神田局
承認

3680

差出有効期間
2023年5月
31日まで
（切手不要）

1 0 1 - 8 7 9 6

5 0 8

東京都千代田区神田神保町2−14
SP神保町ビル5階

オープンゲート

読者カード係　行

||||||·||·||·|||·||·||||·||·||·||||·||||·||||·||·||·||||·||·||·||||·||||·||||·|||·||

お買い上げいただきまして誠にありがとうございました。
みなさまのご意見を今後の本づくりの参考にさせていただきますので、
裏面のアンケートにご協力お願いします。

ふりがな お名前			性別	男性 ・ 女性
			年齢	歳
ご住所	〒	電話番号		
メール アドレス				
ご職業				

TOEIC® L&R テスト
やさしい英語で基礎トレーニング

■この本をどのようにお知りになりましたか？
　□書店で実物を見て（書店名：　　　　　　　　　　　　　　）
　□新聞・雑誌等の広告を見て（掲載紙誌名：　　　　　　　　）
　□人にすすめられて
　□先生の推薦
　□ブログや Twitter などを見て
　□その他（　　　　　　　　　　　　　　　　　　　　　　　）

■本書についてのご感想をお聞かせください。

タイトル：	□良い	□ふつう	□悪い
価　　格：	□安い（満足）	□ふつう	□高い
内　　容：	□たいへん満足	□良い	□ふつう
	□よくない	□非常に不満	
ページ数：	□少ない	□ちょうどいい	□多い
カバーデザイン：	□良い（目立った）	□ふつう	□よくない（目立たない）

■ご意見・ご要望などございましたら自由にご記入ください。

■あなたのコメントを広告やホームページなどで紹介してもよろしい
　ですか？
　□はい（お名前など個人情報が特定できる内容は掲載しません）
　□いいえ

（わかっていない情報）に Where を置く

Where

Rich is (in his room).

Where is **Rich**?

Where を頭にもってきて疑問文をつくる

Where

You live (on 7th Street).

Where do you live ?

1) どこに？/いる/ポール（は）―彼（は）/いる/階下に
   Paul はどこですか。―下の階にいます。

2) どこに？/ある/銀行（は）―それ（は）/ある/郵便局の向こう側に
   その銀行はどこにありますか。―郵便局の向かいです。

3) どこに？/いた/あなた（は）/そのときに―わたし（は）/いた/仕事場に
   その時あなたはどこにいましたか。―仕事中でした。

4) どこに？/ですか/あなた（は）/住む―わたし（は）/住む/市の中心に
   お住まいはどちらですか。―市の中心部に住んでいます。

5) どこで？/したか/あなた（は）/会う/ブラウンさん―わたし（は）/会った/彼/
   大きな会議で
   Browne さんとはどこで知り合いましたか。―協議会で会いました。

6) どこで？/できる/わたし（は）/登録する―ちょうどあそこで
   どこで申し込めますか。―すぐそこです。

Useful Tip

Where is Rich?—He is in his room. / Where do you live?—I live on 7th
Street. のようにフルセンテンスで答えるように教えられた人もいるようです。
基本の文のしくみを体得させるためでしょうが、実際の会話や TOEIC の Part
2 では Where's Rich?—In his room. / Where do you live?—On 7th Street.
がふつうです。

「だれ（が）〜ですか？／だれの X ですか？」

Target Sentence 🎧 Track 064

Who works in that room?—Mr. Müller does.

あの部屋で（普段）誰が働いていますか。―ミュラーさんです。

Whose phone is that?—It's mine.

あれは誰のケータイですか。―私のです。

Practice 🎧 Track 065

1) Who／'s／your boss?—Mr. Edwards.

2) Who／'s／the woman over there?—She／'s／our new sales manager.

3) Who／is giving／a speech?—Somebody from the HR department.

4) Who／'s speaking／now?—Ms. Sullivan／is.

5) Whose boxes／are／these?—They／'re／Sarah's.

Words & Phrases

☐ boss 名 上司　☐ sales manager 営業部長
☐ give a speech スピーチをする　☐ somebody 代名 誰か
☐ HR department 人事部 💬 部署名はよく出題されるので知っていると得です。基本的な知識を身に付けるのが先ですが…。
☐ box 名 箱　☐ these 代名 これら

Who 素性がわからない人についてたずねる   Whose 所有者をたずねる

(Mr. Müller) works in that room.   That is (my) phone.

Who works in that room?   Whose phone is that?

すでに先頭にあるので語順はそのまま

1) 誰（は）？/ですか/あなたの上司―エドワードさん
   あなたの上司は誰ですか。― Edwards さんです。

2) 誰（は）？/ですか/あそこにいるあの女性―彼女（は）/である/わたしたちの
   新しい営業部長
   あちらの女性はどなたですか。―新しいセールスマネージャーです。

3) 誰（は）？/している/スピーチ―人事部内の誰か
   誰がスピーチをしていますか。―人事部の方です。

4) 誰（は）？/話している/いま―サリヴァンさん/です
   今誰が話していますか。― Sullivan さんです。

5) 誰の箱？/ですか/これら（は）―それら（は）/である/サラのもの
   これらは誰の箱ですか。― Sarah のです。

Useful Tip

名前をたずねるときには Who...? は使いません。What is the name of X? =
What is X's name? を使います。× Who are you?「あなたは何者ですか」で
はなくて What's your name? ですよね。What is the name of the young
lady over there?「あそこにいる若い女性の名前は？」

26 「どちら／どの〜？」

🎧 Track 066

Which is your computer?
どちらがあなたのパソコンですか。

Which floor are you on?
あなたは何階にいますか。

Practice ▶ 🎧 Track 067

1) Which / is / your car? —The red one.

2) Which design / do / you / like? —I / like / that one.

3) Which candidate / is / good / for this position /, Kimberly or
   Laura? —Laura / is / probably / better.

4) Which bus / goes / to the airport? —The number six / does.

5) Which company / won / the competition? —We / did.

Words & Phrases

☐ floor 名 階　☐ design 名 作画、デザイン　☐ one 代名 もの、の
☐ candidate 名 候補（者）　☐ position 名 地位、役職　☐ or 接 あるいは
☐ probably 副 おそらく　💬 TOEIC では Part 3 や Part 4 の設問文で Who most
likely is the man？（男性は誰だと思われますか）のように、同じ意味の most likely がよく
使われます。
☐ airport 名 空港　☐ competition 名 競争、コンクール

64

いくつかの選択肢のなかからどれかをたずねるときは Which を使います。

(This/That) is your computer.

Which is your computer?

わからないところに which

You are on the (9th) floor.

Which floor are you on?

1) どちら（が）？/である/あなたの車―赤いの
   どちらがあなたの車ですか。―赤の（車）です。

2) どのデザイン（が）？/するか/あなた/好む―わたし（は）/好む/あれ
   どのデザインがいいですか。―あちら（のデザイン）がいいです。

3) どちらの候補者（が）？/である/よい/この地位のために/キンバリーあるい
   はローラ―ローラ（が）/である/おそらく/よりよい
   この役職に、Kimberly と Laura のどちらの候補がふさわしいですか。―
   Laura の方がいいでしょう。

4) どのバス（が）？/行く/空港へ―6 番（が）/する
   どのバスが空港へ行きますか。―6 番のバスです。

5) どの会社（が）？/勝った/その競争―わたしたち（が）/した
   どの会社がコンペに勝ちましたか。―私たちです。

Useful Tip

Which はよく「どちら」「どっち」という日本語にされることが多いので、選
択肢が常に 2 つのように考える人も多いようですが、選択肢の幅が定まって
いればいくつでも大丈夫です。Which member of the Beatles wrote
Yesterday?「The Beatles のどのメンバーが『イエスタデイ』の曲を書いたの
ですか」/ Which person will take on that role―Annie, Mike, or Alan?
「Annie, Mike, Alan のうち誰がその役を引き受けるのか」

27 「なぜ〜？」

🎧 Track 068

Target Sentence

Why do you look so tired?
すごく疲れて見えますがどうしたのですか。

Why were you there?
なぜそこにいたのですか。

Practice
🎧 Track 069

1) Why / are / you / so busy?—Because / my boss / gave / me / a lot of things to do.

2) Why / did / you / choose / Michelle over Peter?—Because / she / knows / a lot about our business.

3) Why / were / you / late?—Because / the train / stopped.

4) Why / did / you / go / to work / on Saturday?—To finish my sales report.
   💬 この to do は「…するために」 ☞ 53

Words & Phrases

- [ ] so 副 それほど、あまりに　[ ] because 接 なぜなら
- [ ] (gave <) give 動 与える　[ ] a lot of X たくさんの X
- [ ] things to do するべきこと　[ ] choose 動 選ぶ
- [ ] over 前 X を越えて、X に優先して　[ ] know 動 知っている
- [ ] business 名 事業　[ ] late 副 遅れて　[ ] stop 動 停止する
- [ ] work 名 仕事場　[ ] finish 動 終える　[ ] sales report 営業報告書

理由をたずねるときは Why を使います。

You look **so tired why.**

Why do you look **so tired?**

You were **there why.**

Why were **you there?**

---

1) なぜ？/ですか/あなた（は）/それほど忙しい―なぜなら/わたしの上司（は）/
与える/わたし（に）/たくさんのすべきこと
どうしてそんなに忙しいのですか。―上司がたくさん仕事を振ってきたか
らです。

2) なぜ？/した/あなた（は）/選ぶ/ピーターに優先してミシェル―なぜなら/彼
女（は）/知っている/わたしたちの事業に関してのたくさん
どうして Peter ではなく Michelle を選んだのですか。―我々の事業につい
て詳しいからです。

3) なぜ？/だった/あなた（は）/遅れて―なぜなら/電車（が）/止まった
なぜ遅れたのですか。―電車が止まってしまったからです。

4) なぜ？/した/あなた（は）/行く/仕事場に/土曜日に―わたしの営業報告書を
終えるために
どうして土曜日に仕事に行ったのですか。―売上報告書を完成させるため
です。

Useful Tip

Why is Joe always nice to Hailey?—He likes her. 「なぜ Joe は Hailey にや
さしいの」「好きだから」のように Why? に対して because なしの文で応答
することも可能です。 📩 だから Part 2 で、Why ではじまる質問の正解の選択肢が
Because ではじまるとは限りません。

28 「どのように／どうやって～？」

How's your new job?—It's all right.
新しい仕事はどうですか。—まずまずです。

How does Martha get to work?—By train.
マーサはどうやって出勤しますか。—電車でです。

Practice 🎧 Track 071

1) How / 're / sales in September?—Actually / they / 're not / so good.

2) How / was / your trip to Edinburgh?—It / was / fantastic.

3) How / do / customers / get to know / about your products?—They / usually / find / them / on our Web site.

4) How / did / you / know / about the event?—I / heard / from a friend.

5) How / do / you / like / the new boss?—He / 's / experienced /, and / I / like / him.

Words & Phrases

□ job 名 仕事　□ all right 大丈夫な
□ by 前《＋交通手段》X を使って、X で　□ train 名 電車　□ trip 名 旅行
□ fantastic 形 すばらしい　□ customer 名 顧客
□ get to do …するようになる　□ find 動 見つける
□ Web site 名 ウェブサイト、ホームページ 🗨 TOEIC 式表記。website が一般的。
□ hear from X X から聞く　□ experienced 形 経験豊富な

状態や手段をたずねるときは How を使います。

How
Your new job is (all right).
How is **your new job?**

Martha gets **to work** How.
How does **Martha** get **to work?**

1) どんな？/である/9月の売り上げ(は)—実は、それ(は)/ではない/そんなよい
   9月の売り上げはどうですか。—実はあまりよくありません。

2) どんな？/だった/エジンバラへのあなたの旅行(は)—それ(は)/だった/すばらしい
   Edinburgh 旅行はどうでしたか。—素晴らしかったです。

3) どのように？/するか/顧客(は)/知るようになる/あなたの会社の製品について—彼ら(は)/ふつう/見つける/それら/私たちのウェブサイトで
   顧客はどうやって御社の商品について知るのですか。—たいてい Web サイトで商品を見つけます。

4) どのように？/したか/あなた(は)/知る/その行事について—わたし(は)/聞いた/友達から
   どうやってそのイベントのことを知ったのですか。—友達から聞きました。

5) どのように？/するか/あなた(は)/好きである/新しい上司—彼(は)/である/経験豊富な/そして/わたし(は)/好きである/彼
   新しい上司はどうですか。—経験があって、好きです。

Useful Tip
🎧 Track 072

How about...? というよく使われる口語表現も覚えておきましょう。
I like this one better. How about you?—I think so too.
「私はこちらの方がいいと思いますが、あなたはどうですか。—私もそう思います」

29 「いくつ／いくら〜？」

How many offices does this company have?

この会社には、いくつの支社がありますか。

Practice 🎧 Track 074

1）How many people / work / at this company?—More than 60.

2）How many copies / do / we / need?—25.

3）How much / do / you / remember / about the movie?—Well /, not that much.

4）How many times / did / you / change / jobs / over the past ten years?—Twice.

5）How much money / do / you / have / with you?—Nothing. / I / left / my wallet / at home.

Words & Phrases

☐ more than X　X を超えて　☐ copy 名 部、写し　☐ need 動 必要とする
☐ remember 動 覚えている　☐ well 間投 ええと、まあ
☐ that much　それほどたくさん　☐ time 名《通例 -s》回数
☐ change jobs　転職する　☐ over 前 X（期間）にわたって
☐ past 形 過去の　☐ twice 副 2 回、2 度　☐ with 前 X の手元に
☐ nothing 代名 何も　☐ (left <) leave 動 置く、残す　☐ wallet 名 財布

70

数をたずねるときは How many を、量や金額をたずねるときは How much を使います。

This company has how many offices.

How many offices does this company have?

1) 何人の人々（が）？／働く／この会社で―60人以上
   この会社では何人が働いていますか。―60人以上です。

2) 何部のコピー（を）？／するか／わたしたち（は）／必要とする―25
   何部コピーが必要ですか。―25部です。

3) どのぐらい？／するか／あなた（は）／覚えている／その映画について―ええと／それほどではない
   この映画についてどれだけ覚えていますか。―ええと、そんなに覚えていません。

4) 何回？／したか／あなた（は）／変える／仕事／過去10年にわたって／2回
   過去10年に何回転職しましたか。―2回です。

5) いくらのお金？／するか／あなた（は）／持っている／手元に―何も／わたし（は）／置いてきた／わたしの財布／家に
   今手持ちはいくらありますか。―全く。財布を家に置いてきました。

🎧 Track 075

Useful Tip

/r/ は一般的に難しい音とされています。コツは舌先をどこにもつけずに、口を後ろのほうから音を出そうとすることです。また唇を少しだけまるめます。この単語で練習しましょう。

remember

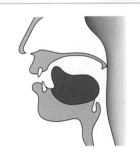

30 「どれくらい長く〜？」

🎧 Track 076

Target Sentence

How long did you stay in Paris?
—Just three days.

パリにどれくらいの期間滞在しましたか。—たったの3日間です。

Practice
🎧 Track 077

1) How long / was / the workshop?—It / was / 90 minutes.

2) How long / did / you / live / in Berlin?—More than ten years.

3) How long / does / it / take / to get to this office?—About forty minutes / door to door.

4) How long / did / you / work / there?—Five years and a half.

   💬 企業の面接での質問として Part 2 に出ることも。

5) How long / did / it / take / to finish this?—I / spent / a couple of hours / on it.

Words & Phrases

- [ ] stay 動 滞在する、その場にいる　[ ] just 副 たったの
- [ ] workshop 名 研修（会）、講習　[ ] more than X X を超えて
- [ ] it take(s) (X) ~ to do （X が）…するのに〜かかる
- [ ] door to door ドアからドアまで　[ ] half 名 半分
- [ ] (< spent) spend 動《＋時間》費やす　[ ] a couple of X 2、3 の X
- [ ] on 前 X に対して（対象を表す）

72

期間をたずねるときには How long を使います。

How long

You [stayed] in Paris (for just three days).

[How long] did you [stay] in Paris?

1) どれぐらい長く？/だった/研修（は）―それ（は）/だった/90分
   ワークショップはどれくらいの長さでしたか。―90分でした。

2) どれぐらい長く？/した/あなた（は）/住む/ベルリンに―10年を超える
   ベルリンにはどれくらいの期間住んでいましたか。―10年以上です。

3) どれぐらい長く？/するか/それ（は）/かかる/この仕事場に着くこと―40分
   ぐらい/ドアからドアまでで
   こちらのオフィスに来るのにどれくらいの時間かかりますか。―家からこ
   こまで約40分です。

4) どれぐらい長く？/した/あなた（は）/働く/そこで―5年半
   そこでの勤続はどれくらいでしたか。―5年半です。

5) どれぐらい長く？/した/それ（は）/かかる/これを終えること―わたし（は）/
   費やした/数時間/それに
   これを終わらせるのにどれくらいかかりましたか。―それには数時間かけ
   ました。

Useful Tip

時間の長さを問題にするときにはよく使われる形ですが、しくみとしては少
し難しいです。「わたしたちがこれを終えるのに数時間かかった」

[To finish this] took us a couple of hours.

It took us a couple of hours [to finish this] .

31 「どのくらい〜？」

How old is this company?
—Just three years old.

この会社は創立何年ですか。—まだ創立 3 年です。

💬 Part 2 に出ますが、実際の面接では調べてわかることを訊くのは NG という就職カウンセラーもいます。

Practice ▶

🎧 Track 079

1) How old / is / your wife?—She / 's / twenty three.

2) How old / is / Volkswagen?—It / 's / about eighty years old.

3) How often / do / we / have / a staff meeting?—Every two weeks.

4) How far / is / it / from here to the airport?—Less than thirty minutes / by train.

5) How soon / does / this bus / leave?—In five minutes.

6) How soon / do / you / need / this?—By Friday.

Words & Phrases

☐ just 副 たったの　☐ wife 名 妻　☐ staff meeting スタッフ会議
☐ every 限定《+X》毎 X、X ごと　☐ from X to Y X から Y まで
☐ less than X X より少なく　☐ by train 電車で　☐ in 前 X 後に
☐ by 前 X までに

💬 Part 2 でこのタイプの質問には、冒頭を聞き取れれば選択肢を検討するのは比較的楽です。

How old　　年齢・歴史
How often　頻度
How far　　距離
How soon　これからかかる時間

1) どれぐらいの歳？/である/あなたの妻（は）―彼女（は）/である/23
   奥様はおいくつですか。― 23 歳です。

2) どれぐらいの歳？/である/フォルクスワーゲン（は）―それ（は）/である/約
   80 年
   Volkswagen は創業何年ですか。―約 80 年です。

3) どれぐらいの頻度で？/するか/わたしたち（は）/開く/スタッフ会議― 2 週
   間ごと
   スタッフミーティングはどれくらいの頻度でありますか。― 2 週間ごとです。

4) どれぐらいの距離で？/である/それ（は）/ここから空港まで― 30 分よりも
   短い/電車で
   ここから空港までどれくらい遠いですか。―電車で 30 分以内です。

5) どれぐらいすぐに？/するか/このバス（は）/出発する― 5 分後に
   このバスはどれくらいで出発しますか。―あと 5 分です。

6) どれぐらいすぐに？/するか/あなた（は）/必要とする/これ―金曜日までに
   どれくらいすぐにこれが必要ですか。―金曜日までです。

Useful Tip　　　　　　　　　　　　　　　　　🎧 Track 080

単独では far, soon は次のような使い方をします。
My house is very far from here. 「わたしの家はここから遠い」
Jim is coming soon. 「Jim はすぐにやってくる」

32 「…する予定である」

🎧 Track 081

Target Sentence

I'm going to meet Mr. Nelson.

ネルソンさんに会う予定です。

Practice ▶

🎧 Track 082

1) Jenny / is going to take / a day / off / tomorrow.

2) Dr. Saul / is going to attend / a conference / in London.

3) Tom / is going to join / our team / from April.

   💬 Part 4 で新メンバーの紹介はときどきあります。

4) Heather / isn't going to lead / the meeting / this time.

5) Sales / are going to be / down / in the fall.

Words & Phrases

☐ off 副 休んで、仕事をしないで　☐ attend 動 出席する
☐ conference 名 規模の大きい会議　☐ join 動 参加する、一員になる
☐ team 名 組、班　☐ lead 動 導く、率いる　☐ this time 今回
☐ down 副 落ち込んでいる、下降調の　☐ fall 名 秋

I'm going to meet Mr. Nelson.

［ネルソンさんと会うことが話す前から決まっていた場合］

I will meet Mr. Nelson.

［話している途中で会うことを決めた場合（☞ 34）］

1) ジェニー（は）/とる予定である/1日/休んで/あした
   Jenny は明日休暇を取る予定です。

2) ソール先生（は）/出席する予定である/大きな会議/ロンドンで
   Saul 先生はロンドンの学会に出席する予定です。

3) トム（は）/参加することになっている/私たちの班/4月から
   Tom は 4 月から私たちのチームに参加する予定です。

4) ヘザー（は）/司会進行を行わない/その会議/今回
   Heather は今回はミーティングを進行しない予定です。

5) 売り上げ（は）/なる予定である/下がって/秋に
   売り上げは秋には減少する予定です。

Useful Tip 🎧 Track 083

ネイティヴスピーカーが早口になると、I'm gonna meet Mr. Nelson soon. のように going to → gonna /ɡɔnə, ɡənə/ のようになることがあります。アナウンサーも普通に使う表現ですが、❶基本的に早口になるときに使われる ❷ going to につづく動詞がすぐ続かないとおかしい ❸よほどのことがないかぎり、書き言葉（e-mail, social media でも）で使うのはよくない、ことはおさえておいたほうがよいでしょう。

33 「…する予定ですか？」

Target Sentence

Are you going to come to work tomorrow?

明日出勤の予定ですか。

Practice

1) Are/you/going to see/Mr. Wong/today?—No/, we/ changed/the meeting date.

   > Part に関係なく TOEIC では予定の変更ということがよく起こります。

2) Is/Mr. Pratt/going to visit/us/in summer?—Yes/, in August.

3) What/are/you/going to do/this weekend?—I/'m going to/ go to a wedding/on Sunday.

4) Is/the festival/going to be held/in October/this year?—I/ think/so.

5) How long/are/you/going to take/for a vacation?—Three weeks.

Words & Phrases

☐ come to work 仕事場にくる、仕事をしにくる　☐ change 動 代える
☐ date 名 日（付）　☐ visit 動 訪問する　☐ wedding 名 結婚式
☐ festival 名 祭　☐ be held 開催される　☐ think 動 思う
☐ so 副 そのように　☐ for 前《＋期間》X のあいだ
☐ vacation 名 （長期）休暇

You are going to come to work tomorrow.

Are you going to come to work tomorrow?

疑問文の作り方は動詞が be の文と同じ（☞ 4）

1) ですか/あなた（は）/会う予定の/ウォンさん/きょう―いいえ/わたしたち（は）/変えた/会う日付

今日 Wong さんに会う予定ですか。―いいえ、ミーティングの日程を変更しました。

2) ですか/プラットさん（は）/訪れる予定の/わたしたち/夏に―はい/8月に

Pratt さんは夏に私たちを訪ねる予定ですか。―はい、8月です。

3) なに？/ですか/あなた（は）/する予定の/今週末―わたし（は）/行く予定の/結婚式へ/日曜日に

今週末は何をする予定ですか。―日曜日に結婚式に行く予定です。

4) ですか/その祭り（は）/行なわれる予定の/10月に/今年―わたし（は）/考える/そのように

そのお祭りは今年は10月に開催される予定ですか。―そうだと思います。

5) どれくらい長く/ですか/あなた（は）/とる予定の/休暇のために―3週間

どれくらいの期間休暇を取る予定ですか。―3週間です。

Useful Tip 🎧 Track 086

「週末の予定はどう？」のように近い未来の予定についてたずねるときは、be going to *do* に加えて、be *doing* もよく使われます。下の2つはほとんど同じ意味です。

What are you going to do this weekend?
What are you doing this weekend?

34 「…する意思がある／…するだろう」

I'll contact her.
私が彼女に連絡しましょう。

Will they accept this plan?—I have no idea.
彼らはこの計画を受け入れるでしょうか。—全くわかりません。

Practice ⏵ Track 088

1) You/'ll receive/an e-mail/from us/soon.

2) John/won't be/a manager/this time.

> 否定の練習のために won't になっていますが、John will be a manager next month. のほうが昇進の多い TOEIC らしい例文です。

3) The restaurant/won't be/crowded/tomorrow.

4) Will/you/come/with us?—Yes/, I/will.

5) Will/Keith/get angry with/us?—I/hope not.

6) Will/Mr. Wenger/drop by/the game?—I/don't think/so.

Words & Phrases

☐ accept 動 受け入れる　☐ receive 動 受け取る
☐ soon 副 すぐ後、まもなく　☐ manager 名 管理職
☐ crowded 形 混んでいる　☐ with 前 X と一緒に
☐ get angry with X X に対して怒る　☐ hope 動 希望する
☐ drop by X X に立ち寄る　☐ game 名 試合

will *do*

❶ 予定されていない今決めたこと「…する意思がある」
❷ 話し手の推量「…するだろう」
❸ 未来の必然的状況「…することになる」

ふつうの文	They will accept this plan.
否定	They will not accept this plan.　(= won't)
疑問	Will they accept this plan?

1) あなた（は）/受け取るだろう/E メール/わたしたちから/まもなく
　 すぐに我々からのメールを受け取るでしょう。

2) ジョン（は）/ならないだろう/管理職/今回
　 John は今回はマネージャーにはなりません。

3) そのレストラン（は）/ならないだろう/混んでいる/明日
　 そのレストランは明日混雑しないでしょう。

4) だろうか？/あなた（は）/来る/私たちと一緒に—はい/わたし（は）/だろう
　 私たちと一緒に来ますか？—はい、行きます。

5) だろうか？/キース（は）/対して怒る/わたしたち—わたし（は）/そうでない
　 と期待する
　 Keith は私たちに怒ったりするかな？—そうでないといいけど。

6) だろうか？/ベンゲルさん/たちよる/試合—わたし（は）/思わない/そのように
　 Wenger さんは試合を見に来るかな—それはないと思うよ。

Useful Tip　　　　　　　　　　　　　　　🎧 Track 089

will not の省略形 won't /wóunt/ を want /wɑnt, wɔnt/
と発音を区別できるようにしましょう。

They won't accept this plan.

They want to accept this plan.

35 「X が（〜に）います／あります」

There's a ladder in front of the store.

店の前にはしごがあります。

💬 この構造の文はよく Part 1 に出てきます。

Practice ▶ ⌾ Track 091

1) There / 's / a chair / next to the table.

2) Were / there / a lot of people / in the hall? —No /, only a few.

3) There / will be / a big music festival / in summer.

   💬 それほど頻繁ではないですが Fuji Rock Festival のような野外のイベントは TOEIC の話題として出たことがあります。

4) Is there / any public transportation / to the airport? —We / have / the bus.

5) How many people / are there / in your office? —There / 're / fifty.

Words & Phrases

- [ ] ladder 名 はしご 💬 Part 1 では工事現場で使われるはしごがよく出てきます。
- [ ] in front of X X の前に [ ] store 名 店
- [ ] chair 名 椅子 [ ] next to X X のとなりに [ ] table 名 テーブル
- [ ] a lot of X たくさんの X [ ] hall 名 会館、廊下
- [ ] only a few ほんの少数の人（もの） [ ] public 形 公共の
- [ ] transportation 名 交通（機関） [ ] airport 名 空港

単に位置を述べる文　**A ladder** is **in front of the store.**

「これが存在を表わす文だというしるし」で意味はない。『X が』
という話題はあとにくる

存在を表わす文　**There** is **a ladder** **in front of the store.**
　　　　　　　　　　　X（文の話題）

疑問文　Is **there a ladder in front of the store?**

1) が（→）/ある/椅子（」）/テーブルのとなりに
　　テーブルの隣に椅子が1脚あります。

2) が（→）/いる/たくさんの人々（」）/会場に—いいえ/少しだけ
　　ロビーに多くの人がいましたか。—いいえ、数人だけでした。

3) が（→）/あることになる/大きな音楽祭（」）/夏に
　　夏に大きな音楽祭があります。

4) が（→）ありますか？/なんでもいいので公共交通機関（」）/空港まで—わたし
　　たち（は）/持っている/バス
　　空港までの公共交通機関は何かありますか。—バスがあります。

5) 何人の人々（」）/が（←）いますか？/あなたの仕事場に—が（→）います/50
　　人（の人）（」）
　　あなたのオフィスには何人いますか。—50人います。

Useful Tip

〈There's (= There is) ＋単数形〉、〈There're (= There are) ＋複数形〉がルー
ルですが、話し言葉では There's a lot of people here. のように〈There's ＋
複数形〉になることもあります。

36 「…してもいいですか？」

Can I use your phone? —No problem.

あなたのケータイを使ってもいいですか。―いいですよ。

Practice ▶　　🎧 Track 093

1) Can / I / take / the seat over there?—Sorry /, it /'s / already taken.

2) Can / I / open / the window?—Sure /, go ahead.

3) Can / I / talk / to you / for a second?—Sure /, what's up?

4) May / I / see / your ID?—OK /, here you are.

5) May / I / have / your name?—Paul Nelson.

6) May / I / ask / you / a question?—Sure /, what / is / it?

Words & Phrases

☐ take 動 占める、とる　☐ seat 名 （座）席　☐ over there あそこに
☐ already 副 すでに、もう　☐ taken 形 占められている　☐ open 動 開く
☐ sure 副 もちろん、確かに　☐ go ahead 構いませんよ、進めてください
☐ for a second ちょっとの間　☐ What's up? どうしましたか？
☐ ID 名 身分証明　☐ here you are はい、ここに
☐ ask X Y X に Y のことをたずねる

「…してもよいですか」と許可を求める時は Can/May I *do*? を使います。どちらかというと Can I *do*? よりも May I *do*? のほうがていねいです。

You can use your phone.

You may use your phone.

ここでの can や may は「…してもよい」

Can I use your phone?

1) いいですか？／わたし（は）／とる／あそこにあるその席—いいえ／それ（は）／である／占有された
   そこの席に座ってもいいですか。—すみません、もう座っています。

2) いいですか？／わたし（は）／開ける／その窓—もちろん／構いません
   窓を開けてもいいですか。—もちろん、どうぞ。

3) いいですか？／わたし（は）／話す／あなたに／少しの間—はい／何ですか
   少しお話ししてもいいですか。—ええ、どうしましたか？

4) いいですか？／わたし（は）／見る／あなたの身分証—はい／ほらここに
   身分証を拝見してもいいですか。—はい、どうぞ。

5) いいですか？／わたし（は）／もつ／あなたの名前—ポール・ネルソン
   お名前をいただけますか。— Paul Nelson です。

6) いいですか？／わたし（は）／たずねる／あなた／質問—もちろん／何／ですか／それ
   一つ質問してもいいですか。—もちろん、何ですか。

Useful Tip

これは疑問文の形をしていますが、❶ふつう、Yes, you can/may. / No, you can't/may not. のような応答になることはありません。❷許可を受け入れる時は Sure. / Go ahead. / No problem. / Certainly. など。❸断る時は〈Sorry,＋理由〉を使うのがふつうです。💬 この知識は Part 2 で必須。

37 「…してくれますか？」

🎧 Track 094

Target Sentence

Can you help me with this sales report? —Of course.

この売り上げ報告書を手伝ってくれますか。―もちろんです。

Practice

🎧 Track 095

1) Can/you/open/the door/for me?—Sure.

2) Can/you/help/me/carry these boxes?—No problem.

3) Could/you/show/me/how to use this machine?—All right.

4) Would/you/explain/that/to me/one more time?—Yes/, sure.

5) Could/you/give/me/a ride?—Sure/, where/are/you/ going?

Words & Phrases

□ help X with Y X を Y のことで手助けする　□ sales report 営業報告書
□ help X *do* 動 X が…するのを手伝う　□ carry 動 運ぶ
□ show X Y X に Y を（やって見せて）教える　□ how to *do* …する方法
□ machine 名 機械　□ all right 了解しました、いいですよ
□ explain X to Y X に Y を説明する　□ one more time もう１度
□ give X a ride X を車に乗せる　💬 TOEIC の場合は、乗せてもらう行き先はたいてい空港です。

中学の教科書では Will you *do*？を依頼の表現として紹介しますが、これは Please *do*. と同じくていねいな命令なので、実際の会話ではあまり使われません。TOEIC の Part 2 でもまれです。

「〜してくれますか」と依頼をするときは Can/Could/Would you *do*? を使います。
× May you *do*? とは言いません。

同意するとき
Sure. / Of course. / All right. / No problem. /...
断るとき
(I'm) sorry, but...

1) してくれる？/あなた（は）/開ける/ドア/わたしのために―もちろん
   ドアを開けてもらえますか。―もちろんです。

2) してくれる？/あなた（は）/手伝う/わたし（が）/これらの箱を運ぶ―問題なし
   これらの箱を運ぶのを手伝ってくれますか。―いいですよ。

3) していただける？/あなた（は）/指し示す/わたし（に）/この機械の使い方（を）―いいですよ
   この機械の使い方をやって見せていただけますか。―いいですよ。

4) していただける？/あなた（は）/説明する/それ/わたしに/もう1度―はい/もちろん
   もう一度それを説明していただけますか。―はい、もちろんです。

5) していただける？/あなた（は）/だす/わたし（に）/車（を）―もちろん/どこですか/あなた（は）/行く
   送っていただけますか。―もちろん、どこまで行くのですか。

Useful Tip

🎧 Track 096

Can you open the door for me?
Could you give me a ride?
Would you explain that to me?
のように音はつながります。

38 「…しませんか？」

🎧 Track 097

Why don't you ask Bob for help?—Sounds like a good idea.
ボブに手伝ってもらってはどうですか。―それがいいかもしれません。

Let's ask Michelle.—That's a good idea.
ミシェルに聞きましょう。それがいいですね。

Practice

🎧 Track 098

1) Why don't you/get/a new phone?—Right/, maybe/I'll do/ it/soon.

2) Why don't we/park/over here?—Yeah/, let's/do/that.

3) Why don't you/come/with us/for dinner?—I'd love to/, but/I/have to/stay/here/a little more.

4) Why don't we/take part in/this event?—Sounds/ interesting.

5) Let's/eat/lunch/at that new Italian restaurant. —Sounds/great.

Words & Phrases

- ☐ ask 動《+X for Y》X に Y を要求する；《+X》X にたずねる
- ☐ help 名 手助け、援助   ☐ maybe 副 たぶん   ☐ soon 副 すぐに
- ☐ park 動 駐車する   ☐ over here このあたりに   ☐ 'd love to = want to
- ☐ have to *do* …しないといけない   ☐ stay 動 その場にいる
- ☐ more 代名 もう少し   ☐ take part in X X に参加する
- ☐ sound 動《+〜》〜のようである・〜に思われる
- ☐ interesting 形 興味をひく

自分たちがとるべき行動を提案

Why don't we ask Bob for help? (↘)

相手に行動を勧める

Why don't you ask Bob for help? (↘)

カジュアルに「〜しよう」と提案

Let's ask Bob for help.

1) どうですか？/手に入れる/新しい電話—その通り/たぶん/わたし（は）/する
   だろう/それ/すぐに
   新しいケータイにしたらどうですか。—そうですね、すぐにそうしようか
   と思います。

2) どうですか？/駐車する/このあたりに—うん/しよう/する/それ
   ここに駐車したらどうでしょう。—そうですね、そうしましょう。

3) どうですか？/来る/私たちと一緒に/夕食のために—わたし（は）/したい/し
   かし/わたし（は）/しないといけない/とどまる/ここに/もう少し
   私たちと一緒に夕食に行きませんか。—そうしたいのですが、もう少しこ
   こにいないといけません。

4) どうですか？/参加する/この行事—思われる/興味深い
   このイベントに参加するのはどうですか。—面白そうですね。

5) しよう/食べる/昼食/あの新しいイタリア料理店で—思われる/すばらしい
   あの新しいイタリアンレストランでお昼ご飯を食べましょう。—いいですね。

Useful Tip

❶応答としては、That's a good idea. / Sounds like a good idea. / Sounds great. などがふつうです。❷相手の誘いに乗らないときは、Sorry, ... / Thanks, but... / I'd love to, but...がよく使われます。💬こういう決まり文句は Part 2 頻出。

「…したほうがよい」

🎧 Track 099

You should go to the doctor immediately.

すぐお医者さんに見てもらったほうがいいです。

Should I call her now?—I'll do it.

私が今彼女に電話した方がいいですか。一私がしましょう。

Practice

🎧 Track 100

1）We / probably should find / another supplier.

2）You / shouldn't worry / too much.

3）Should / I / check / with Joe?—I / think / so.

4）How / should / we / contact / him?—E-mail / is / best.

5）What / should / we / discuss / first?—Any item on the agenda / looks / fine.

6）Should / we / take / a different route?—Yeah, let's / do / that.

Words & Phrases

☐ go to the doctor 医者にみてもらう　☐ immediately 副 ただちに
☐ supplier 名 仕入先、供給業者　☐ worry 動 心配する
☐ too 副《+~》あまりに～すぎる　☐ much 副 たくさん
☐ check 動 確認する　☐ contact 動 連絡する
☐ best 副 (< good) 最も良い　☐ discuss 動 話し合う　☐ first 副 最初に
☐ any 限定 どれでも　☐ item 名 項目、事項　☐ agenda 名 予定表、協議事項
☐ look 動《+~》～に見える　☐ fine 形 十分良い、満足できる
☐ take 動 利用する　☐ different 形 異なった　☐ route 名 経路

助言・提案をするときは should を使います。「…したほうがよいですか」と判断を仰ぐときは Should I/we do? を使います。

You should call her now.

Should I call her now?

1) わたしたち（は）/たぶん見つけたほうがいい/他の仕入れ先

別の供給元を見つけた方がいいかもしれません。

2) あなた（は）/心配しないほうがいい/あまりにたくさん

そんなに心配しすぎない方がいいですよ。

3) したほうがいいか/わたし（は）/確認する/ジョーに―わたし（は）/思う/そのように

Joe に確認した方がいいですか。―そう思います。

4) どのように/したほうがいい/わたしたち（は）/連絡する/彼―E メール（が）/である/いちばん

どのように彼に連絡しましょうか。―メールが一番です。

5) なに/したほうがいい/わたしたち（は）/話し合う/最初に―議題にあるどの項目（は）/見える/十分良い

まず何を話し合いましょうか。―議題のどれでもよさそうです。

6) したほうがいい/わたしたち（は）/使う/別の経路―はい/しよう/する/それ

違う道を行きましょうか。―はい、そうしましょう。

Useful Tip

「…したほうがよい」を had better (='d better) do と覚えているかもしれませんが、「…するとまずい」というニュアンスの警告・脅迫表現なのでビジネスでの穏やかな提案表現としては使われません。You'd better hurry up, or you'll miss the flight. 「急がないと飛行機に乗り遅れるぞ」

40 「…しなくてはならない」

🎧 Track 101

You have to show your ID at the entrance.

入り口で身分証を提示しなければなりません。

Practice 🎧 Track 102

1) We / have to leave / now.

2) Everybody / has to get to work / before nine.

3) Employees / must follow / the company rules.

4) We / had to stay / in the office / and / prepare / for the next day's event.

5) Jen / doesn't have to work / on Wednesday afternoon.

6) Travelers / must not stay / in the United States / beyond the date in their passport.

Words & Phrases

☐ show 動 見せる　☐ entrance 名 入口　☐ leave 動 出発する
☐ everybody 代名 誰でも、みんな　☐ get to work 出勤する
☐ before 前 X より前に　☐ employee 名 社員、被雇用者　☐ follow 動 従う
☐ company rules 会社の規則　☐ stay 動 とどまる
☐ prepare for X X の準備をする　☐ next 形 次の　☐ afternoon 名 午後
☐ traveler 名 旅行者　☐ beyond 前 X を超えて　☐ date 名 日付
☐ passport 名 旅券、パスポート

「…しなければならない」は has/have to *do*, must *do* を使います。

You have to show your ID.

Everybody has to show their ID.

Everybody must show their ID.

must は不変化

注意したいのは否定で、前者は「…しなくもよい」という不必要を、後者は「…してはいけない」という禁止を表わします。

1）わたしたち（は）/出発しないといけない/いま
今出発しなければなりません。

2）だれも（が）/会社に着かないといけない/9時前に
みんな9時前に出勤しなければなりません。

3）従業員（は）/従わなければいけない/会社のルール（に）
従業員は社則に従わなければなりません。💬社則の改訂などはたまにTOEICに出てくる話題です。

4）わたしたち（は）/とどまらなくてはいけなかった/職場に/そして/準備し（ないといけなかった）/翌日の行事のために
オフィスにとどまって翌日のイベントの準備をしなければなりませんでした。

5）ジェン（は）/仕事をする必要がない/水曜日の午後に
Jenは水曜日の午後は仕事をしなくていいです。

6）旅行者たち（は）/とどまってはいけない/アメリカに/パスポートにある日付を超えて
旅行者はパスポートの日付を超えてアメリカに滞在してはいけない。

Useful Tip

🎧 Track 103

has to は /hæstə, hastuw/、have to は /hæftə, hæftuw/ のように発音されるのがふつうです。
We have to leave now.
Everybody has to get to work before nine.

41 「…しなければなりませんか?」

🎧 Track 104

Do we have to be back by ten?

私たちは10時までに戻らなければなりませんか。

Practice

🎧 Track 105

1) Do / I / have to call / her / now?—Yes /, could / you?

2) Do / we / need to keep / receipts?—Yes /, we / must.

3) Do / I / need to give / you / a report on my sales trip / now?—
   No /, you / can tell / me / later.

4) Do / we / have to wait / here?—No /, you / can go / now.

5) Did / you / have to show / your ID / at the gate?—No /, they /
   remembered / me.

> 💬 口座やサービスの登録・ビジネス場面など ID が必要になる場面は TOEIC に出ます。

Words & Phrases

☐ by 前 X までに　☐ back 副 戻って　☐ call 動 電話する
☐ need to *do* …する必要がある　☐ keep 動 とっておく
☐ receipt 名 領収書　☐ give X Y X に Y を渡す　☐ report 名 報告 (書)
☐ on 前 X に関して　☐ sales trip 営業目的の出張　☐ later 副 あとで
☐ wait 動 待つ　☐ show 動 見せる　☐ gate 名 門、出入り口
☐ remember(ed) 動 覚えている

ふつうの文	We have to be back by ten.
疑問文	Do we have to be back by ten?

be 動詞以外の動詞の文と同じ方法で疑問文をつくる（☞ 7 ）

1）するか/わたし（は）/電話しなければならない/彼女（に）/いま―はい/してくれますか/あなた（が）

今彼女に電話しなければなりませんか。―はい、お願いできますか。

2）するか/わたしたち（は）/とっておく必要がある/領収書―はい/わたしたち（は）/しなければならない

私たちは領収書を保管しておく必要がありますか。―はい、そうです。

3）するか/わたし（は）/あげる必要がある/あなた（に）/営業目的の出張についての報告/いま―いいえ/あなた（は）/話してもよい/わたし（に）/あとで

営業で出張した報告を今すべきですか。―いいえ、あとで教えてくれればいいです。

4）するか/わたしたち（は）/待たなければならない/ここで―いいえ/あなた（は）/行ってよい/いま

ここで待たなければなりませんか。―いいえ、もうお帰り頂いて大丈夫です。

5）したか/あなた（は）/見せる必要がある/あなたの身分証/出入り口で―いいえ/彼ら（は）/覚えていた/わたし

入り口で身分証を見せる必要がありましたか。―いいえ、私のことを覚えていてくれました。

Useful Tip

must は文の頭にもってきて疑問文をつくります。Must we come tomorrow? 硬い響きがあるのであまり使われません。

42 「…するかもしれない／…するにちがいない」

🎧 Track 106

Target Sentence

That idea may work out.
その案はうまくいくかも知れません。

You must be Catherine.
あなたは Catherine さんですよね。

Practice 🎧 Track 107

1）You/may be/right.

💬 もちろん相手が 100% 正しいと思っているときには、You're right. とコメントします。これも Part 2 や Part 3 に出ます。

2）Danny/can be/a bit stupid/at times.

3）You/must be/happy.

4）Laura/must be/busy/these days.

5）This idea/can't go/wrong.

Words & Phrases

☐ idea 名 案、考え ☐ work out うまくいく ☐ right 形 正しい
☐ stupid 形 愚かな 💬人前で他人の描写に使ってはいけない語。TOEIC にはおそらく
出ない。 ☐ at times ときどき ☐ happy 形 うれしい、幸せな
☐ busy 形 忙しい ☐ these days このごろ ☐ idea 名 考え
☐ go 動 進む ☐ wrong 形 間違っている

可能性を表わす may/can と強い確信を表わす must の用法も学びましょう。
「…するはずがない」というときは通常 can't *do* を使います。

That idea may not work out.

その案はうまくいかないかもしれない。

That idea can't work out.

その案がうまくいくはずはない。

You can't be Catherine.

あなたがキャサリンのはずがない。

1) あなた（のいうこと）（は）/であるかもしれない/正しい
   あなたは正しいかも知れません。

2) ダニー（は）/なるかもしれない/ちょっと愚かな/ときどき
   Danny はときどき無分別になることがあります。

3) あなた（は）/であるにちがいない/うれしい
   あなたは嬉しいでしょうね。

4) ローラ（は）/であるにちがいない/忙しい/近頃
   Laura は最近忙しいに違いありません。

5) この案（は）/行くはずがない/間違った方向に
   このプランは失敗するはずがありません。

Useful Tip

can/could/will/would/may/might/must は助動詞とよばれ、これらは前にくる語で形が変わりません。疑問文・否定の文をつくるのに do/does/did を必要としません。

ふつうの文　Andrew can (× cans) talk with animals.

疑問文　　　Can Andrew talk (× Do Andrew can talk) with animals?

否定の文　　Andrew can't talk (× don't can talk) with animals.

43 「〜に見える／聞こえる／…」

Target Sentence

🎧 Track 108

Everybody looked tired.
みんな疲れているようです。

That woman looks like a supermodel.
あの女性はスーパーモデルのようです。

Practice

🎧 Track 109

1) Emily's perfume／always smells／bad.

2) Your plan／sounds／realistic.

3) I／feel／a bit sick.

💬 この前後に Can I leave early today? 「きょう早退していいですか」というのは TOEIC でも実際の職場でもわりとあること。

4) The room／felt／very cold.

5) This soup／tasted／spicy.

6) How／do／I／look?—You／look／fantastic.

Words & Phrases

☐ look(ed) 動 〜に見える　☐ perfume 名 香水
☐ smell(s) 動 〜のにおいがする　☐ look like X X に見える、X に似ている
☐ supermodel 名 スーパーモデル　☐ plan 名 計画　☐ realistic 形 現実的な
☐ (felt <) feel 動 〜と感じる　☐ sick 形 病気の　☐ cold 形 寒い、冷たい
☐ taste(d) 動 〜な味がする　☐ spicy 形 ピリ辛の、香辛料のきいた
☐ fantastic 形 すばらしい

look, sound などの動詞は be に似た使い方をします。

Everybody $\boxed{\text{is}}$ **tired.**
である

Everybody $\boxed{\text{looks}}$ **tired.**
〜に見える

The girl $\boxed{\text{is}}$ **like a supermodel.**
である

The girl $\boxed{\text{looks}}$ **like a supermodel.**
〜に見える

1) エミリーの香水（は）/いつもにおう/悪い
　　Emily の香水はひどい香りがする。

2) あなたの計画（は）/聞こえる/現実的な
　　あなたの計画は現実的に聞こえます。

3) わたし（は）/感じる/少し病気である
　　少し体調が悪く感じます。

4) その部屋（は）/感じた/とても寒い
　　その部屋は寒く感じた。

5) このスープ（は）/味がする/香辛料のきいた
　　このスープはスパイシーな味がします。

6) どのように/ですか/わたし（は）/見える―あなた（は）/見える/すばらしい
　　どう見えますか。―素晴らしいです。

Useful Tip

Cathy is looking at a raccoon dog. だと、タヌキを見ているのは Cathy ですが、Cathy looks like a raccoon dog. でタヌキに似ていると Cathy を見て判断をしているのは話し手です。

44 「〜になる」

Track 110

Target Sentence

Bill became a sales director.

ビルは販売部長になりました。

Practice

Track 111

1) The guitarist / became / very popular.

2) Tom / will be / a good business owner.

3) Pam / got / sick / last week.

4) We / 're getting / busy / these days.

5) After job cuts /, everybody / gets / nervous / about the future.

TOEIC では人員削減でクビになる話題は出ませんが、現実は厳しいのでこういう例も入れています。

Words & Phrases

□ guitarist 名 ギター奏者　□ popular 形 人気がある　□ good 形 有能な
□ business owner 会社経営者　□ busy 形 忙しい　□ these days 近頃
□ after 前 X の後に　□ job cuts 人員削減 リストラは和製英語。英語の
restructure は「組織内の構造改革」を意味します。
□ everybody 代名 誰でも、みんな　□ nervous 形 神経質な
□ future 名 未来

Words & Phrases

□ (< became) become 動《+~》～になる（～は形容詞・名詞）
□ (got <) get 動《+~》～になる（～は形容詞）

「～になる」を表現するとき、be を使うこともできますが、変化に焦点を置くときは become, get が使えます。

Bill is a sales director. いま部長

Bill was a sales director. 前は部長

Bill became a sales director. 部長になった

1) そのギタリスト（は）/なった/とても有名な
   そのギタリストはとても有名になりました。

2) トム（は）/なるであろう/有能な会社経営者
   Tom は良い経営者になるでしょう。

3) パム（は）/なった/病気の/先週
   Pam は先週体調を崩しました。

4) わたしたち（は）/なっている/忙しい/近頃
   最近忙しくなってきています。

5) 人員削減の後に/誰も（が）/なる/神経質な/将来について
   人員削減後、みんな将来について神経質になります。

Useful Tip

go, grow にも「～になる」という使い方があります。
Something went wrong.　「何かがおかしくなった」
Kimmie never grows old.　「キミーは決して老けない」

🎧 Track 112

The company gives us enough for our salaries.

この会社は私たちに給料として十分な金額を支給しています。

Practice ▶

🎧 Track 113

1) Josh / always gives / me / some good advice.

2) We / gave / Jane / a gift / for her birthday.

3) The company / offered / me / a job.

4) Jim / bought / Linda / some flowers /, but / he / didn't buy / anything / for me.

> 💬 TOEIC の登場人物がこういうひがみを言うことはまずありませんが、学習効果を考えて入れています。

5) We / 'll send / you / some information.

Words & Phrases

☐ enough 代名 十分な量　☐ salary 名 給料　☐ advice 名 助言、忠告
☐ gift 名 贈り物　☐ birthday 名 誕生日　☐ job 名 仕事　☐ flower 名 花
☐ anything 代名 何（で）も　☐ information 名 情報

give X Y
= give Y to X
X に Y を与える

（このパターンの動詞）

send	送る
lend	貸す
offer	提供する
pass	渡す

buy X Y
= buy Y for X
X に Y を買ってやる

（このパターンの動詞）

make	作る
cook	料理する
get	取ってくる
find	見つける

1) ジョッシュ（は）/いつも与える/わたし（に）/いくらかのよい助言（を）
   Josh はいつも私に良いアドバイスをくれます。

2) わたしたち（は）/あげた/ジェイン（に）/贈り物（を）/彼女の誕生日のために
   私たちは、Jane に誕生日プレゼントをあげました。

3) その会社（は）/提供した/わたし（に）/仕事（を）
   その会社は私に仕事を提示してくれました。

4) ジム（は）/買った/リンダ（に）/花（を）/しかし/彼（は）/買わなかった/何も/
   わたしのために
   Jim は Linda に花を買いましたが、私には何も買いませんでした。

5) わたしたち（は）/送るつもりです/あなた（に）/いくらかの情報（を）
   あなたに情報をお送りしましょう。

Useful Tip

give X Y は Y が代名詞になるときは使えません。〈動詞 Y to X〉を使います。
× We gave Jane them. ➡ We gave them to Jane.
× The company offered me it. ➡ The company offered it to me.
× We'll send you it. ➡ We'll send it to you.

---

46 「XにYを伝える・教える」

Target Sentence

Matt told me some good news.

マットは私に良い知らせを話してくれました。

Practice

1) Could / you / tell / me / the way to the station?

2) Please / show / me / your ID.

3) Madeline / teaches / school children / photography.

   💬 写真展、現像プロセス、写真の撮り方のワークショップなど TOEIC には写真関係の
   話題は比較的よく出ます。

4) The group members / showed / the audience / their new
   dance moves.

5) Mr. Carter / told / me / the secret of his success.

Words & Phrases

☐ news 名 知らせ、ニュース ☐ way 名 道、経路 ☐ station 名 駅
☐ Please do どうぞ…してください ☐ photography 名 写真
☐ audience 名 聴き手、聴衆 ☐ move 名 動き ☐ secret 名 秘密
☐ success 名 成功

tell X Y = tell Y to X　X（に）Y（もの・こと）を伝える
☐ show X Y　X（人）に Y（もの・こと）を見せる
☐ teach X Y　X（人）に Y（もの・こと）を教える

Matt told me some good news.
　　　　X（人）　　　Y（もの・こと）

1) していただけますか/あなた（は）/伝える/わたし（に）/駅までの行き方（を）
　駅までの行き方を教えていただけますか。

2) どうか/みせる/わたし（に）/あなたの身分証明（を）
　身分証を見せてください。

3) マデリン（は）/教える/学校に通う子供たち（に）/写真
　Madeline は生徒たちに写真を教えています。

4) そのグループのメンバーたち（は）/見せた/聴衆（に）/新しいダンスの動き
　（を）
　そのグループのメンバーたちは、観客に新しいダンスの動きを見せました。

5) カーターさん（は）/伝えた/わたし（に）/彼の成功の秘密
　Carter さんは私に成功の秘訣を教えてくれました。

日本語にすると、どれも「教える」になってしまうことがありますが、tell は
ある情報を言葉を使って伝えるときに、show は自分で案内したり、実際の例
を出すときに、teach は習得する（learn）手伝いをするときに使われます。
Where's the bathroom?—I'll show you.「トイレはどこですか。—案内しま
すよ」（このとき話し手は相手をトイレの前まで一緒に歩いて連れて行ってく
れる）

47 「XをYと呼ぶ／名付ける」

🎧 Track 116

Target Sentence

We call Richard Baladad Rich.

私たちは、リチャード・バラダッドのことをリッチと呼んでいます。

Practice

🎧 Track 117

1) We/called/the lady/Princess.

2) We/named/the robot/Techie.

3) Some people/call/this part of the city/German Town.

4) What/do/you/call/that actress in the show?—Shailene Woodley?

5) What/did/you/name/your band?—We/named/it/Alpaca Five.

Words & Phrases

☐ robot 名 ロボット　☐ part 名 部分　☐ city 名 街、市
☐ actress 名 女優　💬アメリカでは actor (俳優) と呼ばれることを好む女優も増えているようですが、現状では TOEIC で actress, waitress が使われています。
☐ show 名 番組　☐ band 名 音楽グループ、バンド

☐ call X Y　X を Y と呼ぶ　☐ name X Y　X を Y と名付ける

We call Richard Baladad Rich.

X（だれのことを？）　　　　Y（なにと？）

1) わたしたち（は）/呼んだ/その女性（を）/姫（と）

   私たちはその女性を Princess と呼びました。

2) わたしたち（は）/名付けた/そのロボット（を）/テッキー（と）

   私たちはそのロボットを Techie と名付けました。

3) 一定数の人々（は）/呼ぶ/市のこの部分（を）/ドイツ村（と）

   市のこの部分は、German Town と呼ばれています。

4) なに/するか/人々（は）/呼ぶ/その番組のなかのあの女優―シャーリーン・ウッドリー

   その演目の中で、あの俳優を何と呼びますか。― Shailene Woodley ですか？

5) なに/したか/あなたたち（は）/名付ける/バンド（を）―わたしたち（は）/名付けた/それ/アルパカファイブ

   あなたたちは自分のバンドを何と名付けましたか。― Alpaca Five です。

Useful Tip

人一般を表わすときに、話し手を含むときに we が、聴き手を含むときに you が、話し手・聴き手を含まないときに they が使われることがあります。

We live in a difficult situation.（人々は困難な状況にいます）

You should always do your best.（いつも最善をつくすべきだ）

They say, "Live your life".（人は「自分の人生を生きろ」という）

「Xを～の状態にする」

🎧 Track 118

Target Sentence

Meetings make us busy.

会議が私たちを忙しくしています。

Practice 🎧 Track 119

1) The news / made / people in this town / happy.

2) Teamwork / makes / work / fun.

3) The movie / made / the director / famous.

4) We / should keep / our office / clean.

5) Please / leave / the door / open.

6) I / found / the seminar / informative.

Words & Phrases

- ☐ town 名 町　☐ happy 形 幸せな
- ☐ teamwork 名 共同作業、協力　☐ work 名 作業、仕事
- ☐ fun 形 楽しい 名 楽しみ　☐ movie 名 映画
- ☐ director 名 監督、(制作)責任者　☐ famous 形 有名な
- ☐ clean 形 汚れていない、きれいな　☐ open 形 開いた
- ☐ seminar 名 研修(会)
- ☐ informative 形 役に立つ、情報満載の

Words & Phrases

☐ make X ~ 　X を～の状態にする　　☐ keep X ~ 　X を～の状態にしておく
☐ leave X ~ 　X を～の状態のままにする
☐ find X ~ 　（実際にやってみて）X が～だとわかる

Meetings make us busy.　make X ~

- make（する）
- us（私たち）
- busy（いそがしい）

X　　～　　X（わたしたち）を～
（いそがしい）状態にする

1) その知らせ（は）/した/この町の人々（を）/幸せな
   その知らせはこの町の人々を喜ばせました。

2) チームワーク（は）/する/作業/楽しい
   チームワークが仕事を楽しくします。

3) その映画（は）/した/その監督（を）/有名な
   その映画が、その監督を有名にしました。

4) わたしたち（は）/しておく/自分たちのオフィス/清潔な
   私たちはオフィスをきれいに保ったほうがいいです。

5) どうぞ/ままにしろ/そのドア/開いた
   ドアを開けたままにしておいてください。

6) わたし（は）/わかった/そのセミナー（が）/役に立つ
   そのセミナーは役に立つものだと分かりました。

Useful Tip　🎧 Track 120

余裕があれば get X ~, have X ~ を学習しましょう。
My husband had dinner ready. 「夫は夕食を用意した」
Don't forget your umbrella, or you'll get your clothes wet. 「傘を持っていきなさい。でないと服がぬれますよ」
Oversleeping got Annie in trouble. 「寝坊して Annie は大変なことになった」
💬 Part 5 でこの文構造が問われるようなことはあまりないですが、リスニングではたくさんこの文構造が使われています。

48「X を～の状態にする」 109

49

「脱ぐ／着る／つける／消す／…」

The woman is taking off her sweater.
The woman is taking her sweater off.

その女性はセーターを脱いでいる最中です。

1）The man／is putting on／his jacket.

2）Could／you／turn／the lights／off?—Sure.

3）Could／you／turn／the volume／down?—All right.

4）I／turned／the computer／on.

5）I'll call／you／back／later.

6）Joe／lent／his girlfriend／some money／, and／couldn't get／it／back.

Words & Phrases

☐ sweater **名** セーター   ☐ jacket **名** 上着   ☐ light **名** 照明
☐ sure **副** もちろん   ☐ volume **名** 音量   ☐ all right わかりました
☐ later **副** 後で   ☐ lend **動** 貸す

☐ take X off = take off X　X（着ているもの）を脱ぐ、外す
☐ put X on = put on X　X（衣類）を身につける
☐ turn X off = turn off X　X（機械）のスイッチを切る
☐ turn X down = turn down X　X を下げる
☐ turn X on = turn on X　X（機械）のスイッチを入れる
☐ call X back = call back X　X に折り返し電話する
☐ get X back = get back X　X を取り戻す

her sweater を it にすると、The woman is taking it off. は可能でも、✕ The woman is taking off it. は誤りです。

1) その男（は）/身につけている/彼のジャケット（を）
その男性は、ジャケットを着ている最中です。

2) してくれますか/あなた（は）/スイッチを切り替える（→）/明かり（の）/オフの状態に（←）―もちろん
電気を消していただけますか。―もちろんです。

3) してくれますか/あなた（は）/変える（→）/音量（を）/下げた状態に（←）―了解
ボリュームを下げていただけますか。―いいですよ。

4) わたし（は）/変えた（→）/コンピューター（を）/オンの状態に（←）
PC の電源を入れました。

5) わたし（は）/電話するだろう（→）/あなた（に）/折り返して（←）/あとで
後で掛け直します。

6) ジョー（は）/貸した/自分の彼女（に）/いくらかのお金/そして/手にすることができなかった（→）/それ（を）/（取り）戻す形で（←）
Joe は彼女にお金をいくらか貸したが、返してもらえなかった。

〈動詞＋前置詞〉の cóme to X, árrive at X, loók for X では前置詞に強勢が置かれることはありませんが、〈前置詞＋副詞〉では副詞に強勢が置かれます。
táke X óff = tàke óff X / pút X ón = pùt ón X / túrn X ón = tùrn ón X / túrn X off = tùrn óff X

50 「…すること①」

🎧 Track 123

Learning a new skill takes time.
新しいスキルを学ぶのは時間がかかります。

The company started selling donuts.
その会社はドーナツを売り始めました。

Practice

🎧 Track 124

1) Communicating with different people/makes/you/smart.

2) The company/stopped/offering free delivery.

3) We/enjoyed/watching Mr. Koreeda's new movie.

4) We/'re looking forward to/working with you soon.

5) Thank/you/for having me.

> 💬 番組に出演したゲストのセリフ。Thank you for having me on. とも言えます。
> TOEIC では Part 4 で出る可能性があります。

6) Roger/is interested in/creating new things.

Words & Phrases

- ☐ learn(ing) 動 習う、身につける ☐ skill 名 技術
- ☐ take(s) 動 必要とする、かかる ☐ start(ed) 動 始める
- ☐ sell(ing) 動 売る ☐ communicate 動 意思疎通する、情報交換する
- ☐ smart 形 頭が良い ☐ stop(ped) 動 止める ☐ offer(ing) 動 提供する
- ☐ free 形 無料の ☐ delivery 名 配送、配達 ☐ enjoy(ed) 動 楽しむ
- ☐ watch(ing) 動 観る ☐ look forward to X X を楽しみに待つ
- ☐ thank 動 感謝する ☐ (having <) have 動 迎える
- ☐ be interested in X X に興味がある ☐ (creating <) create 動 創る

*do*ing 形で「…すること」を表わすことができます。

Learning a new skill takes time.
新しいスキルを学ぶこと

The company started selling donuts.
ドーナッツを売ること

💬 *do*ing 形の使い方に通じることは Part 5 での正解率アップに直結します。

1) 異なる人々と意思疎通をとること（は）/（の）状態にする/あなた（を）/頭が
良い
異なる人々と交流することはあなたを賢くします。

2) その会社（は）/中止する/無料の配達を提供すること（を）
その会社は無料配達の提供をやめました。

3) わたしたち（は）/楽しんだ/コレエダさんの新しい映画を観ることを
私たちは、Koreeda 監督の最新映画を観て楽しみました。

4) わたしたち（は）/楽しみに待っている/まもなくあなたと働くことを
あなたと一緒に働くのを楽しみにしています。

5) 感謝する/あなた（に）/私を迎えてくれたことで
お招きいただきありがとうございました。

6) ロジャー（は）/興味をもっている/新しいものを創りあげること
Roger は新しいものを創造することに興味があります。

Useful Tip

次のように「こと」が「もの」の代わりに来ていると考えると簡単です。
This event was fun.「この行事は楽しかった」➡ Talking with my ex-husband
was fun.「元夫と話すのは楽しかった」
Ken finished the task quickly.「Ken は仕事をすぐ終えた」➡ Ken finished
eating the dish quickly.「Ken は料理をすぐ食べた」

51 「…すること②」

Target Sentence

The company decided to close some factories.

その会社は、工場をいくつか閉鎖する決断をしました。

Practice ▶

Track 126

1) We/need/to hire some new people.

2) Laurie/finally chose/to take a job in Detroit.

3) We/began/to use this system/last May.

4) Mr. Donovan/is trying/to communicate with each employee.

5) My boss/promised/to give me an important job.

6) Bobby/likes/to take on difficult tasks.

Words & Phrases

☐ decide(d) 動 決める ☐ close 動 閉める、閉鎖する ☐ factory 名 工場
☐ hire 動 雇う ☐ finally 副 ついに ☐ (chose <) choose 動 選ぶ
☐ take 動 引き受ける ☐ (began <) begin 動 始める ☐ use 動 使う
☐ system 名 制度、体系、方式 ☐ try 動 試す、試みる
☐ communicate 動 意見交換をする、コミュニケーションをとる
☐ employee 名 被雇用者、従業員 ☐ promise(d) 動 約束する
☐ take on X X を引き受ける ☐ difficult 形 難しい ☐ task 名 課題

動詞の後ろで to *do* 形が「…すること」を表わすことがあります。

The company decided to close some factories.

いくつかの工場を閉鎖すること

💬 50 の *doing* 形と同じく、51 から 54 の to *do* 形に習熟することは Part 5 に役立ちます。

1) 私たち（には）/ 必要である / 新しい人々を雇うこと（が）
   新たに何人か雇用する必要があります。

2) ローリー（は）/ ついに選んだ / デトロイトで仕事を引き受けること（を）
   Laurie はようやくデトロイトでの仕事を引き受けた。

3) わたしたち（は）/ 始めた / この方式を使うこと（を）/ 昨年の 5 月に
   私たちは、この前の 5 月にこのシステムを利用し始めました。

4) ドノヴァンさん（は）/ しようとしている / それぞれの従業員とコミュニケーションをとること（を）
   Donovan さんは一人一人の従業員と交流しようとしています。

5) わたしの上司（は）/ 約束した / わたしに重要な仕事をあげること（を）
   上司は重要な仕事をくれることを約束してくれました。

6) ボビー（は）/ 好きだ / 難しい課題を引き受けること（が）
   Bobby は難しい課題を引き受けるのが好きです。

Useful Tip

try to *do*「…しようとする」と try *doing*「ためしに…してみる」の違いに気をつけましょう。Mr. Donovan is trying to communicate with each employee.（まだ全員と話していない）/ Mr. Donovan tried communicating with all the employees.「Donovan さんは試しにすべての従業員と話してみた」（すでに全員に話した）

52 「…したい」

Target Sentence　　　　　　　　　　　🎧 Track 127

I want to open my own restaurant.

私は、自分自身のレストランを開きたいです。

Practice ▶　　　　　　　　　　　　　　🎧 Track 128

1) Some people / want to / take / a vacation / in the fall.

2) Ms. Ford / wants to / live / near the beach.

   💬 不動産屋に物件への希望を述べる設定は Part 3, 4, 7 に見られます。

3) The audience / wanted to / ask / the speaker / some questions.

4) Do / you / want to / see / some samples?—Yes /, please.

   💬 展示会あるいは店頭でサンプルとともに商品説明するのは TOEIC によくある設定。

5) What / does / Mr. Kent / want to / do?—He /'s thinking about / opening a restaurant in Brazil.

┌─ Words & Phrases ──────────────────────────────┐

☐ open 動 開く　☐ own 限定 自身の　☐ vacation 名 休暇　☐ fall 副 秋
☐ live 動 住む　☐ near 前 X の近くに　☐ beach 名 海岸
☐ audience 名 聴衆、観客　☐ ask 動 たずねる　☐ speaker 名 講演者
☐ see 動 見る、確かめる　☐ sample 名 見本
☐ think about X　X について考える

└──┘

want to *do*「...したい」は非常によく使われる表現です。want + to *do*〈望む＋…すること〉と考えてもよいですが、want to が will, can の助動詞のような働きをしていると考えたほうがわかりやすいと思います。

I want to open my own restaurant.
　　…したい　　　　開く

1) 何人かの人々（は）/したい/とる/休暇/秋に
　　秋に休暇を取りたい人もいます。

2) フォードさん（は）/したい/住む/海のそばに
　　Ford さんはビーチの近くに住みたがっています。

3) 聴衆（は）/したがった/たずねる/講演者（に）/いくつかの質問
　　観客は講演者にいくつか質問をしたがりました。

4) ですか/あなた（は）/したい/見る/いくつかの見本―はい/お願い
　　サンプルをいくつかご覧になりたいですか。―はい、お願いします。

5) 何/ですか/ケントさん（は）/したい/する―彼（は）/について考えている/ブラジルにレストランを開くこと
　　Kent さんは何がしたいのですか？―彼はブラジルにレストランを開くことを考えています。

| Useful Tip |　　　　　　　　　　　　　　　　　　🎧 Track 129

早口の英語では want to ➡ wanna /wάnə/ のようになることがあります。ただ、このように綴ってはいけません。
I want to open my own restaurant.
I wanna open my own restaurant.

---

53 「…するために」

🎧 Track 130

A woman raised her hand to ask a question.

一人の女性が質問をするために手をあげました。

Practice 🎧 Track 131

1) The band / went / to the concert hall / to perform.

2) Sandra / had to study / a lot / to get a license.

3) You / should take / the train / to go to the airport.

4) Aaron / read / some documents / to write a report.

5) Why / did / you / go / to the conference?—To give a presentation.

   💬 Part 2 で Why の質問に目的を表す to do で始まる選択肢が正解になることもあります。

Words & Phrases

☐ raise 動 上げる　☐ band 名 音楽グループ、楽団
☐ concert hall コンサート会場　☐ perform 動 演奏する
☐ study 動 勉強する　☐ license 名 免許、資格　☐ take 動 乗る
☐ airport 名 空港　☐ (read /ríyd/ <) read /réd/ 動 読む
☐ document 名 書類、資料　☐ write 動 書く　☐ report 名 報告書
☐ conference 名 大きな会議　☐ give a presentation 口頭発表をする

「…するために」と目的を表わす to do の使い方があります。

A woman raised her hand to ask a question.
　　　　　　　動作　　　　　　　　　　　　目的を表わす to do

1) その音楽グループ（は）/行った/コンサート会場へ/演奏をするために
   そのバンドは演奏をしにコンサートホールへ行きました。

2) サンドラ（は）/勉強しなければならなかった/たくさん/免許を獲得するために
   Sandra は資格を取るためにたくさん勉強しなければなりませんでした。

3) あなた（は）/利用した方がよい/電車/その空港に行くために
   空港へ行くには電車を使った方がいいです。

4) アーロン（は）/読んだ/書類/報告書を書くために
   Aaron は報告書を書くために資料をいくつか読みました。

5) なぜ/したか/あなた（は）/行く/会議に―発表をするために
   なぜ協議会に行ったのですか。―プレゼンをするためです。

Useful Tip

この to do の働きをはっきりさせるために、in order to do（…するために）
という表現を代わりに使うことがあります。
A woman raised her hand in order to ask a question.

54 「…するための X」

Target Sentence   🎧 Track 132

We have something to give you.

あなたに渡すものがあります。

Practice   🎧 Track 133

1）We/have/a lot of things to do/this week.

2）It/'s/time to stop working.

3）Everybody/should bring/food to share.

> 💬 アメリカ人は各自が食べ物を持ってくる potluck というパーティーをよく開きます。
> この単語は TOEIC には出ませんが、似た設定の picnic や party はよく出ます。

4）We/had/nothing to do/last month.

5）Do/you/have/something interesting to share with us?—
Yes/, I/got/a new client.

6）We/have/some products to sell.

Words & Phrases

- ☐ something 代名 何か　☐ thing 名 もの、こと
- ☐ stop *doing* …するのをやめる　☐ work 動 仕事をする
- ☐ bring 動 （話題にしている場所に）持ってくる　☐ share 動 共有する
- ☐ nothing 代名 何も、ゼロ　☐ last 限定 前回の、この前の
- ☐ interesting 形 おもしろい、興味をひく　☐ client 名 顧客
- ☐ product 名 製品　☐ sell 動 売る

We have something to give you.

前の語句にかかって「…するための」

1) わたしたち（は）/もっている/するためのたくさんのこと/今週
   私たちは、今週はすることがたくさんあります。

2) 時刻（が）/である/仕事をやめるためのとき
   終業時間です。

3) 誰も（が）/持って行く方がいい/分けあうための食べ物
   各々が、みんなと分け合う食べ物を持って行く方がいいです。

4) わたしたち（は）/持っていた/ゼロのするべきこと/先月
   私たちは、先月は何もすることがありませんでした。

5) するか/あなた（は）/持っている/私たちと共有するための面白い何か（を）—
   はい/わたし（は）/獲得しました/新しい顧客（を）
   何か私たちに聞かせるような面白いことがありますか。—はい、新規顧客
   を獲得しました。

6) わたしたち（の会社）（は）/持っている/売るためのいくつかの製品（を）
   販売する商品がいくつかあります。

Useful Tip

次の2つは全然意味が違います。
Brian has somebody to help. 「Brian には手を差し伸べなければいけない人
がいます」
Brian has somebody to help him. 「Brian には（彼の仕事を）手伝ってくれ
る人がいる」

Target Sentence 🎧 Track 134

Gayla worked very hard and won the prize.
ゲイラは一生懸命作業をして、その賞を獲得しました。

I called Mr. Schneider, but he wasn't at his office.
シュナイダーさんに電話したのですが、オフィスにはいませんでした。

Practice 🎧 Track 135

1) Mark/opened/the box/and/looked/inside.

2) Jennifer/asked/her boss/some questions/, but/he/didn't answer.

3) Do/you/want/tea/or/coffee? —Coffee, please.

💬 Part 2 でたまに出る機内サービスの会話。

4) Let's/decide/now/, or/we/have to discuss/it/again.

5) The new Italian restaurant/was/very crowded/, so/we/decided/to find another place to eat.

Words & Phrases

☐ hard 副 一生懸命に　☐ (won <) win 動 勝ち取る　☐ prize 名 賞
☐ call 動 電話する　☐ at your office 自分の職場にいる
☐ open(ed) 動 開ける　☐ box 名 箱　☐ look(ed) 動 目を向ける
☐ inside 副 内側に　☐ ask X Y X に Y をたずねる　☐ answer 動 答える
☐ want 動 望む　☐ have to do …しないといけない
☐ discuss 動 話し合う　☐ again 副 もう1度　☐ crowded 形 混んでいる
☐ decide to do…することを決める　☐ find 動 見つける
☐ another 限定 もうひとつの　☐ place 名 ところ、場所

and, but, or, so は語（句）と語（句）や文と文をつなげる働きがあります。

Gayla worked very hard and won the prize.

I called Mr. Schneider, but he wasn't at his office.

1) マーク（は）/開けた/箱/そして/目を向けた/内側に
   Mark はその箱を開けて中を見ました。

2) ジェニファー（は）/たずねた/彼女の上司（に）/いくつかの質問（を）/しかし
   /彼（は）/答えなかった
   Jennifer は上司にいくつか質問をしましたが、彼は答えませんでした。

3) するか/あなた（は）/ほしい/お茶/または/コーヒー――コーヒー/お願い
   お茶かコーヒーはいかがですか。――コーヒーをお願いします。

4) しましょう/決める/いま/そうでなければ/わたしたち（は）/話し合わないと
   いけない/それ/もう1度
   今決めましょう、でないとまたそれについて相談しないといけません。

5) その新しいイタリアンレストラン（は）/だった/とても混んでいる/だから/
   わたしたち（は）/決めた/別の食べるところを見つけること（を）
   その新しいイタリアンレストランはとても混んでいたので、どこか別の食
   事する場所を見つけることにしました。

Useful Tip

アメリカでは接続詞を FANBOYS（for/and/nor/but/or/yet/so）と覚えればよ
いと教えられます。Anna goes to a drama school, for she hopes to become
an actress.「Anna は演劇学校に通っている。というのは、女優志望だから
だ」　Rob doesn't work full-time, nor does his wife.「Rob は常勤ではない
し、妻も常勤でない」　Mr. Lee is an economist, yet he is not interested in
money.「Lee さんは経済学者だけれども、お金に興味がない」

「～と考える／言う」

Target Sentence　🎧 Track 136

Some people think that the economy is growing.
経済は発展していると思っている人もいます。

Mr. Maezawa says that he's creating new jobs in Japan.
マエザワさんは、自分は日本で新たな仕事を創出していると言っています。

Practice　🎧 Track 137

1) I / think // this product / will sell / well.

2) Kevin / says // that / he / works / more than anybody.

3) All of us / hope // that / you / 'll enjoy / your time / after retirement.

4) I / hear // work-life balance / is becoming / more important / in most countries.

5) Everybody / understands // that / the company / needs / a new leader.

6) I / don't think // running a business / is / easy.

Words & Phrases

□ economy 名 経済　□ grow(ing) 動 成長する　□ create 動 創り出す
□ sell 動 売れる　□ well 副 よく　□ more than X X よりも
□ all of X X のすべて　□ retirement 名 引退、退職
□ become 動《＋～》～になる　□ more 副 より、もっと
□ most 限 大部分の　□ leader 名 指導者、長　□ run 動 運営する
□ business 名 事業、会社　□ easy 形 やさしい、簡単な

Some people think that the economy is growing.
考える 〜ということ 考え

Mr. Maezawa says that he's creating new jobs in Japan.
言う 〜ということ 発言の中身

1) わたし（は）/思う//この製品（は）/売れるだろう/よく
   この商品はよく売れるだろうと思います。

2) ケヴィン（は）/言う//ということ（を）/彼（は）/働く/誰よりも
   Kevin は他の誰よりも働いていると言っています。

3) わたしたちみんな（が）/希望している//ということ（を）/あなた（が）/楽しむようになる/あなたの時間/引退後
   あなたが退職後の時間を楽しむことを、私たち全員が願っています。

4) わたし（は）/聞く//ワークライフバランス（は）/なってきている/重要な/ほとんどの国々で
   ワークライフバランスはほとんどの国でより大事な問題になってきていると聞いています。

5) だれも（が）/理解する//ということ（を）/この会社（には）/必要である/新しいリーダー（が）
   誰もがこの会社には新しいリーダーが必要だとわかっている。

6) わたし（は）/思わない//会社を経営すること/である/やさしい
   会社を経営するのは簡単ではないと思います。

「～ということを残念に／申し訳なく／うれしく思う」

I'm afraid I can't agree with this idea.

あいにくですが、この考えには賛同できません。

Practice　　🎧 Track 139

1) I'm/afraid//I/have to leave/now.

2) I'm/sure//you/'ll get/good results.

3) I'm/sorry//I'm/late.

4) We/'re/happy//you/'re interested in/our products.

5) Ashley/was/glad//she/got/an award.

💬 1)〜5) のいずれも日常生活および職場でよく使われる表現で、Part 2 や Part 3 にもたびたび登場します。

Words & Phrases

- □ agree **動** 同意する 　□ leave **動** 去る 　□ result **名** 結果
- □ late **形** 遅れている 　□ be interested in X　X に興味がある
- □ award **名** 賞

I 'm afraid (that) I can't agree with this idea.

感情・確信（度）　ということ　　　　　事実（に対する推測）
リズム上 that はよく省略される

1) わたし（は）/である/残念//わたし（が）/去らなければならない/いま
   残念ですが、もう行かなければなりません。

2) わたし（は）/である/確信して//あなた（が）/得るだろう/良い結果
   あなたは良い結果を出すだろうと確信しています。

3) わたし（は）/である/申し訳ない//わたし（は）/である/遅れた
   遅れて申し訳ありません。

4) わたしたち（は）/である/うれしい//あなた（が）/興味をもっている/私たちの商品
   私たちの商品に興味を持っていただいてうれしいです。

5) アシュリー（は）/だった/うれしい//彼女（が）/勝ち取った/賞
   Ashley は賞を受賞して喜んだ。

Useful Tip

🎧 Track 140

think などの動詞のときも、be afraid などの場合も、よほど早口で話さない限り、that の前で一息置いてください。ここから (that) ~ という「文の中の文」が来ますよ、という聴き手に対してのメッセージです。
I think // this product will sell well.
I'm afraid // I can't agree with this idea.

58 「〜のとき／前に／後に」

Mark was sleeping when I entered the room.

私が部屋に入ったとき、マークは眠っていました。

Practice

1) There／were not／so many cafés／in this town／／when／Queen's Café／opened.

2) When／Ms. Lee／was／a child,／／she／wanted to be／an engineer.

3) Don't／forget／to clean your desk／／before／you／leave.

4) We／started／our discussion／／after／Brenda／came in.

5) I／prepared／some documents／／while／Sally／was moving／tables.

Words & Phrases

- ☐ sleep(ing) 動 眠る ☐ enter(ed) 動 入る ☐ room 名 部屋
- ☐ café 名 喫茶店 ☐ town 名 町 ☐ open(ed) 動 開く ☐ child 名 こども
- ☐ want to *do* …したい ☐ engineer 名 技師、技術者
- ☐ forget to *do* …するのを忘れる ☐ clean 動 きれいにする ☐ desk 名 机
- ☐ start(ed) 動 始める ☐ discussion 名 議論 ☐ come in 中に入ってくる
- ☐ prepare(d) 動 準備する ☐ document 名 書類
- ☐ (moving <) move 動 動かす

When I entered the room, Mark was sleeping.

Mark was sleeping when I entered the room.

1) が（→）/なかった/それほど多くの喫茶店（」）/この町に//とき/クイーンズ・カフェ（が）/開店した

Queen's Café が開店したとき、この町にはそれほど多くのカフェはありませんでした。

2) とき/リーさん（が）/だった/こども//彼女（は）/なりたかった/エンジニア

Lee さんは、子供の頃エンジニアになりたいと思っていました。

3) するな/忘れる/あなたの机をきれいにする//前に/あなた（が）/去る

出かける前に机を整頓するのを忘れないで。

4) わたしたち（は）/始めた/議論（を）//後に/ブレンダ（が）/やってきた

Brenda が来てから相談を始めました。

5) わたし（は）/準備した/資料（を）//間に/サリー（が）/動かしている/テーブル

Sally がテーブルを動かしている間に資料をいくつか準備しました。

Useful Tip

🎧 Track 143

〈接続詞＋文〉が文頭にくるときは、かかる文がまだくることを知らせるためにイントネーションは上がります。

When Ms. Lee was a child (↗), she wanted to be an engineer.

もちろん、後ろにくるときはイントネーションは下がります。

Ms. Lee wanted to be an engineer when she was a child. (↘)

59 「もし〜／〜なので」

🎧 Track 144

Target Sentence

We will cancel the event if we don't have enough people.

十分な人数がいなければ、そのイベントを中止するつもりです。

Practice ▶

🎧 Track 145

1）Just let/us/know//if/you/need/any help.

2）If/this computer/stops/working/again//, we/should get/a new one.

3）You/should try/the French restaurant at the corner//if/you /want to eat/something unique.

4）Most people/were wearing/heavy coats//because/it/was/ very cold/outside.

5）Nobody/likes/Aleeda//because/she/lies/too often.

Words & Phrases

☐ cancel 動 中止する　☐ event 名 行事
☐ enough 限定 十分な　☐ just 副 単に　☐ let X do X に…させる
☐ know 動 知る　☐ help 名 助け　☐ stop doing …するのを止める
☐ work(ing) 動 作動する　☐ again 副 再び　☐ one 代名 もの　☐ try 動 試す
☐ corner 名 角　☐ unique 形 独特の　☐ most 限定 ほとんどの
☐ wear 動 着ている　☐ heavy 形 厚い、重い　☐ coat 名 上着
☐ cold 形 寒い　☐ outside 副 外（側）で　☐ lie(s) 動 うそをつく
☐ too 副 あまりに　☐ often 形 よく、頻繁に

□ if 接《＋～》もし～ならば　□ because 接《＋～》～なので

We will cancel the event **if we don't have enough people.**

If we don't have enough people, we will cancel the event.

1) 単にさせろ/わたしたち(が)/知る//もし/あなた(が)/必要である/どんな助け(でも)

手助けが必要なら私たちに言ってください。

2) もし/このコンピューター(が)/止まる/作動することを/ふたたび//わたしたち(は)/手に入れたほうがいい/新しいもの(を)

もしこのPCがまた動かなくなったら新しいものを入手した方がいいです。

3) あなた(は)/試した方がよい/その角のフランス料理店(を))/もし/あなた(が)/食べたい/何か独特のもの(を)

何か変わったものを食べたいなら、角のフレンチレストランを試してみるといいですよ。

4) ほとんどの人々(は)/着ていた/厚い上着//なぜなら/天気(は)/だった/とても寒い/外で

外はとても寒かったので、ほとんどの人が厚手のコートを着ていました。

5) ゼロの人間(が)/好きだ/アリーダ(のことを)//なぜなら/彼女(は)/うそをつく/あまりに頻繁に

Aleedaは頻繁にうそをつくので、みんな彼女が好きではありません。

因果関係を表わす because の文は so で書き換えられます。
Nobody likes Aleeda because she lies too often. = Because Aleeda lies/ too often, nobody likes her. = Aleeda lies too often, so nobody likes her.

60 「XはYより〜」

Target Sentence

Kevin's car is newer than Alan's.

ケヴィンの車はアランの（車）より新しいです。

Practice

1) Gayla/is/more popular/than Catherine.

2) Double-Knockout Corporation/is/bigger/than any other company in Japan.

3) Andrew/works/longer/than his other coworkers.

4) Ms. O'Hara's presentation/was/more difficult/than Mr. Fujimaki's.

5) Ralph/came/to work/earlier/than Eric.

Words & Phrases

□ than 前 接 〜よりも　□ task 名 役割、任務　□ more 限定 もっと
□ important 形 重要な　□ popular 形 人気がある
□ (bigger <) big 形 大きな　□ other 限定 ほかの
□ (longer <) long 形 長い　□ coworker 名 同僚　□ difficult 形 難しい
□ (earlier <) early 副 早く　□ common 形 よく見られる

〈X + does / is + -er + than + Y〉で「X は Y より…する / 〜だ」を表します。短い単語は後ろに er をつけます。長い単語は前に more を置きます。

Kevin's car is newer than Alan's.

X   new + er   Y
          （短い単語）

This task is more important than the other one.

X   （長い単語）   Y

1) ゲイラ（は）/である/もっと人気がある/キャサリンより
   Gayla は Catherine よりも人気があります。

2) ダブル・ノックアウト社（は）/である/もっと大きい/日本の他のどの会社より
   Double-Knockout Corporation は日本の他のどの企業よりも大きいです。

3) アンドリュー（は）/働く/もっと長く/彼の他の同僚よりも
   Andrew は彼の同僚よりも長時間勤務しています。

4) オハラさんの発表（は）/だった/もっと難しい/フジマキさんのより
   O'Hara さんのプレゼンは Fujimaki さんの（プレゼン）よりも難解でした。

5) ラルフ（は）/来た/会社に/より早く/エリックより
   Ralph は Eric よりも早く出勤しました。

Useful Tip

Cathy is younger than I am. / Mark works harder than I do. のように〈than＋比較の対象＋（助）動詞〉とするのが文法的に正しいとされていますが、Cathy is younger than me. / Mark works harder than me. と話し言葉ではなることもあります。
Smartphones are more common than (they were) before. のようなとき〈比較の対象＋（助）動詞〉はふつう省略されます。

61 「最も／一番〜」

Target Sentence　 Track 148

Kate is the oldest of the three members.

ケイトは３人のメンバーの中で最年長です。

Practice ▶　 Track 149

1）Matthew / is / the youngest / in our team.

2）Spaghetti Alfredo / is / the most popular dish / in our restaurant.

3）Today's game / was / the most exciting one / of all the semi-finals.

4）Catherine / works / the hardest.

5）Of all the team members /, Ben / got / to work / the earliest / on that day.

Words & Phrases

☐ (oldest <) old 形 年上の、古い　☐ member 名 人員
☐ crowded 形 混雑した　☐ (youngest <) young 形 年下の、若い
☐ team 名 組　☐ popular 形 人気の　☐ dish 名 料理　☐ game 名 試合
☐ exciting 形 興奮させるような　☐ semi-final 名 準決勝
☐ (hardest <) hard 副 一生懸命に　☐ get to X X に着く
☐ (earliest <) early 副 早く

134

〈X + does / is + the + -est（+ of / in + P）〉で「X は P（母集団）のなかでいちばん…する / 〜だ」を表します。短い単語は後ろに est をつけ、長い単語は前に most を置きます。

Kate is the oldest of the three members.

old + -est   母集団
（短い単語）

This place is the most crowded in our town.

（長い単語）   母集団

1）マシュー（は）/である/最も若い/わたしたちのチームの中で
　Matthew は私たちのチームの中で最年少です。

2）スパゲッティー・アルフレッド（は）/である/最も人気がある料理/わたしたちのレストランで
　Spaghetti Alfredo は私たちのレストランで一番人気があります。

3）今日の試合（は）/だった/最も興奮させるもの/すべての準決勝のなかで
　今日の試合は、すべての準決勝の中で一番白熱する試合でした。

4）キャサリン（は）/仕事をする/最も一生懸命に
　Catherine は最も勤勉に働きます。

5）すべてのチームの人員のなかで/ベン（は）/着いた/職場に/最もはやく/その日に
　Ben はその日チームで一番早く仕事につきました。

Useful Tip

形容詞の前では the は必ずつけないといけませんが、副詞の前では the はつけてもつけなくても構いません。
Catherine works (the) hardest.
Of all the team members, Ben got to work (the) earliest on that day.

62 「もっとよい／一番よい」

Most men think zombie movies are better than romantic comedies.
ほとんどの男性は、ラヴコメよりもゾンビ映画を好みます。

Which type of movie do you like the best?—I like sci-fi best.
どんなタイプの映画が一番好きですか。— SF が一番好きです。

Practice ▶　　🎧 Track 151

1）Karl / likes / coffee / better / than tea.

2）When / she / was / in high school //, Nancy / liked / history / the best / of all the subjects.

3）Out of the Beatles /, Andrew / likes / John Lennon / best.

4）Which / looks / better /, this logo or that one?

5）Sarah / has / a better car / than mine.

6）*Ferris Bueller's Day Off* / was / one of the best movies in the 80s.

Words & Phrases

☐ most 限定 ほとんどの
☐ romantic comedy ラヴコメ　☐ type of X X のタイプ
☐ sci-fi 形 空想科学の、SF の（SF は和製英語）　☐ history 名 歴史
☐ subject 名 科目　☐ out of X X の中から　☐ logo 名 ロゴ、会社のマーク
☐ in the 80s 80 年代で

💬 男性が「ゾンビ映画が好きで、女性は昼メロ (soap opera) が好き」というのはアメリカでは古典的なステレオタイプですが、TOEIC はそういう決めつけは避ける傾向にあります。

Most men think zombie movies are **better** than romantic comedies.

good ➡ better

Which type of movie do you like the **best**?—I like sci-fi **best**.

well ➡ best

well ➡ best 　　副詞なので the はつけてもつけなくてもよい

1) カール（は）/好きである/コーヒー/もっと/より紅茶
   Karl は紅茶よりコーヒーが好きです。

2) のとき/彼女/いた/高校に//ナンシー（は）/好きだった/歴史/いちばん/すべての科目の中で
   Nancy は高校生のとき、すべての教科の中で歴史が一番好きでした。

3) ビートルズの中で/アンドリュー（は）/好きだ/ジョン・レノン（が）/いちばん
   Andrew は、ビートルズの中で John Lennon が一番好きです。

4) どちら/見える/より良い/このロゴそれともあのロゴ
   このロゴとあのロゴ、どちらがよさそうですか。

5) サラ（は）/持っている/よりよい車/わたしのより
   Sarah は私のよりもよい車を持っている。

6) 『フェリスはある朝突然に』（は）/だった/80 年代の最もよい映画のひとつ
   Ferris Bueller's Day Off は 80 年代の最高の映画のひとつでした。

> **Useful Tip**
>
> *Ferris Bueller's Day Off* was <u>one of the best</u> movies in the 80s. 「『フェリスはある朝突然に』は 80 年代の最高の映画のひとつです。」のように英語では「複数ある最高のもののなかの 1 つ」という表現方法をとることがあります。

63 「X は Y と同じぐらい〜」

🎧 Track 152

Target Sentence

Your phone is as old as mine.

あなたのケータイは私の（ケータイ）と同じぐらいの古さです。

Practice

🎧 Track 153

1) Ms. Elliot / is / as experienced / as Mr. Collins.

2) Kevin / works / as hard / as Darin.

3) The meeting room on the 8th floor / isn't / as large / as the one on the 3rd floor.

4) Women in their 20s / don't go shopping / as often / as those in their 50s.

5) Eat / as much food / as you want.

Words & Phrases

☐ experienced 形 経験がある　☐ hard 副 一生懸命に
☐ meeting room 会議室　☐ the Xth floor X 階　☐ large 形 大きい
☐ go shopping 買い物に行く　☐ those 代名 (…の) 人々 💬those や one といった代名詞の用法は、たまに Part 5 に出ます。
☐ much 限定 多くの 💬限定詞もときどき Part 5 に出ます。

XとYを較べて、〈X + does / is + as 〜 as + Y〉と2つの as にはさまれた要素において同じぐらいと表現します。

Your phone is as old as mine.

X　　　　　　同じぐらい　　　　Y

1) エリオットさん（は）/である/同じぐらい経験がある/コリンズさんと
   Elliot さんは Collins さんと同じぐらい経験があります。

2) ケヴィン（は）/働く/同じぐらい一生懸命に/ダーリンと
   Kevin は Darin と同じぐらい一生懸命働きます。

3) 8階の会議室（は）/でない/同じぐらい大きい/3階のものと
   8階の会議室は3階の（会議室）ほどの大きさはありません。

4) 20代の女性（は）/買い物にいかない/同じぐらい頻繁に（は）/50代の女性
   20代の女性は、50代の女性ほど頻繁に買い物に行きません。

5) 食べろ/同じぐらいたくさんの食べ物/あなたがほしい量と
   好きなだけ食べて下さい。

Useful Tip

Matt has as many projects as Catherine (does). 「Matt は Catherine と同じ数のプロジェクトを抱えている」 / Eat as much food as you want のような as many/much X as 〜 「〜と同じぐらいの数／量の X」も頭にいれましょう。

64 「X は…された」

Target Sentence

Clearasil is used in many countries.

クレアラシルは多くの国で使われています。

Practice

1）Some cars／are parked／along the street.

2）All the windows／are closed.

   💬 Part 1 でこの文そのままで出たことがあります。

3）This product／is made／in Brazil.

4）This show／is seen／around the world.

5）The girl／is called／Queen of the City.

6）This computer／isn't sold／anymore.

Words & Phrases

☐ use(d) 動 使う　☐ by 前《＋動作主》X によって　☐ park(ed) 動 駐車する
☐ along 前 X に沿って　☐ street 名 街路、通り　☐ all 限定 すべての
☐ window 名 窓　☐ close(d) 動 閉じる　☐ product 名 製品
☐ show 名 番組　☐ (called <) call 動 呼ぶ　☐ (< sold) sell 動 売る
☐ anymore 副 もはや

話題の焦点を移す

ふつうの文 People use Clearasil in many countries.

受け身の文 Clearasil is used by people in many countries.
be+-ed/en 不要なので消す

1) いくつかの車（が）/とめられている/通りに沿って
   数台の車が通りに沿って駐車されています。

2) すべての窓（は）/閉まっている
   窓はすべて閉まっています。

3) この製品（は）/作られる/ブラジルで
   この商品はブラジル製です。

4) この番組（は）/視聴されている/世界中で
   この番組は世界中で観られています。

5) その女の子（は）/呼ばれている/街の女王（と）
   その女の子は Queen of the City と呼ばれています。

6) このコンピューター（は）/売られていない/もはや
   この PC はもう販売されていません。

Useful Tip

過去を表わすときは、call ➡ called のように動詞の -ed 形にしますが、受け身には〈be+-ed/en〉と動詞の -ed/en 形を使います。call ➡ called、use ➡ used のように -ed 形と同じ形のものもあれば、see ➡ seen のように違うもの（-ed 形は saw）もあります。いずれにせよ、動詞の形の変化に関しては動詞活用リスト（☞ p.187）を必要に応じて参照してください。

「X は Y によって…された」

Target Sentence

🎧 Track 156

Star Wars was directed by George Lucas.

スターウォーズはジョージ・ルーカスによって製作されました。

Practice ▶

🎧 Track 157

1）Lightbulbs / were invented / by Thomas Edison.

2）Tokyo Skytree / was built / in 2008.

3）Different kinds of fruits / were sold / at the supermarket.
   💬 Part 1 に似たような文が出たことも。

4）The Fuji Rock Festival / is held / in August.

5）The restaurant / was named / Meat Eater Hiroko.

Words & Phrases

☐ direct(ed) 動 監督する　☐ by 前 X によって　☐ lightbulb 名 電球
☐ invent(ed) 動 発明する　☐ (built <) build 動 建てる
☐ different 形 異なる　☐ supermarket 名 大型スーパー
☐ (held <) hold 動 開催する　☐ name(d) 動 名付ける

George Lucas directed *Star Wars*.

Star Wars was directed by George Lucas.

動作主を明示　作品について述べるときなど

1) 電球（は）/発明された/トーマス・エジソンによって
   電球は Thomas Edison によって発明されました。

2) 東京スカイツリー（は）/建てられた/2008 年に
   東京スカイツリーは 2008 年に建設されました。

3) 異なる種類の果物（が）/売られていた/そのスーパーマーケットで
   そのスーパーマーケットでは、異なる種類の果物が売られていました。

4) フジロックフェスティバル（は）/開催される/8 月に
   Fuji Rock Festival は 8 月に開催されます。

5) そのレストラン（は）/名付けられた/肉食のヒロコ（と）
   そのレストランは Meat Eater Hiroko と名付けられました。

Useful Tip

やりがちなミスに「わたしはお金を盗まれて被害を受けた」というつもりで
× I was stolen/taken my money. という英語にする人がいますが、これは間
違いです。英語では Somebody stole/took my money. あるいは My money
was stolen. といいます。受け身を使わない形のほうが自然です。

66 「Xは…されていますか?」

Target Sentence 🎧 Track 158

Is this service used in Europe?

このサービスはヨーロッパで利用されていますか。

Practice 🎧 Track 159

1) Is / this seat / taken?—No /, please / have a seat.

2) Was / this dress / designed / in France?—Yes /, by a famous designer.

3) Where / was / the event / held?—In New York.

4) When / was / this movie / made?—More than fifty years ago.

5) What / was / decided / in the meeting?—Who / is in charge of / the end-of-year party.

Words & Phrases

☐ service 名 サービス、会社が提供する業務   ☐ use(d) 動 使う
☐ seat 名 席   ☐ (taken <) take 動 占有する   ☐ dress 名 服
☐ design(ed) 動 設計する、仕立てる   ☐ event 名 行事
☐ ago 副《＋時間》X 前に   ☐ decide(d) 動 決める
☐ be in charge of X X の責任者になる 🗨 ビジネス必須の表現。
☐ end-of-year party 忘年会 🗨 たぶん TOEIC には出ません。

This company is famous. (☞ p.14) ➡ Is this company famous? という〈人・もの＋be＋なに・どんな〉の文の疑問文の作り方（☞ p.20）と同じです。

ふつうの文 **This service** is used **in Europe.**

疑問文 **Is** this service used **in Europe?**

1) である／この席／占有されている―いいえ／どうぞ／席についてください
   この席は空いていますか。―いいえ、どうぞおかけください。

2) だった／このドレス／デザインされた／フランスで―はい／有名なデザイナーによって
   このドレスはフランスでデザインされたのですか。―はい、有名なデザイナーです。

3) どこ／であった／その行事／行われた―ニューヨークで
   そのイベントはどこで開催されましたか。―ニューヨークでした。

4) いつ／だった／この映画／作られる―50 年以上前に
   この映画はいつ製作されましたか。―50 年以上前です。

5) なに／でした／決められる／この会議で―誰（が）／責任者となる／忘年会（の）
   ミーティングで何が決まりましたか。―忘年会を誰が担当するかです。

| Useful Tip |

よく使われる〈be+-ed/en+ 前置詞＋名詞〉: be surprised at/by X（X に驚く）/ be pleased with X（X に喜ぶ）/ be born in X（X に生まれる）/ be filled with X（X でいっぱいである）/ be worried about X（X を心配している）be known to X（X に知られている）/ be covered with X（X で覆われている）

67 「ずっと…している」

Target Sentence

I've lived in Denmark for ten years.

デンマークに 10 年住んでいました。

Practice ▶

1) Conrad and Kevin / have known / each other / for more than twenty years.

2) Chad / has been / a member of this fitness center / for ten years.

3) The store / has been / closed / since Wednesday.

4) Lori and Megan / have worked / at the gift shop / for three years.

> 💬 Part 4 で博物館のガイドツアーの話でガイドさんが gift shop に行くことを勧めたり、解散場所を指定することがあります。

5) Rhonda / has been / at her desk / since this morning.

Words & Phrases

- [ ] live(d) 動 住む [ ] (known <) know 動 知りあいである
- [ ] each other 互いに [ ] more than X X より多く [ ] member 名 会員
- [ ] store 名 店 [ ] closed 形 閉まっている [ ] gift shop お土産屋
- [ ] at your desk （職場の）持ち場にいる

I 've lived in Denmark for ten years.

have + -ed/en

過去にはじまり、現在まで続いている時間を表わす。

1) コンラッドとケヴィン（は）/ずっと知り合いである/お互いに/20 年以上の
あいだ

    Conrad と Kevin は 20 年以上の知り合いです。

2) チャド（は）/ずっとである/このフィットネスセンターの会員/10 年間

    Chad は 10 年このフィットネスセンターの会員です。

3) その店（は）/ずっとである/閉まっている/水曜日から

    その店は水曜日からずっと閉まっています。

4) ローリーとメイガン（は）/ずっと働いている/そのお土産屋で/3 年間

    Lori と Megan はそのギフトショップで 3 年間働いています。

5) ロンダ（は）/ずっといる/自分の席に/今朝から

    Rhonda は今朝からずっと自分の机にいます。

Useful Tip

過去に始まり、現在につながりがある have+-ed/en が表わす時間は下の図で
示されたものです。訳の日本語は便宜的なものに過ぎません。

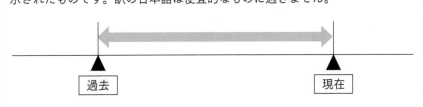

67 「ずっと…している」 **147**

68 「…したところです」

I've just finished my report.

ちょうど報告書を終わらせたところです。

Practice ・Track 163

1) Nick / has just eaten / lunch.

2) The game / has already started.

3) Erica and Masahiro / have broken up / recently.
   TOEICに恋愛の話題はまず出ませんが、パーティーやイベントの解散は出るかもしれません。

4) We /'ve already seen / this movie.

5) I /'ve finally found / my key.

Words & Phrases

☐ finish(ed) 動 終える ☐ report 名 報告書 ☐ (eaten <) eat 動 食べる
☐ lunch 名 昼食 ☐ game 名 試合 ☐ start(ed) 動 始まる
☐ break up 別れる、解散する ☐ see a movie 映画を観る
☐ (found <) find 動 見つける ☐ key 名 鍵

☐ just 副 ちょうど、たったいま　☐ already 副 すでに、もう
☐ recently 副 最近 💬「ごく直前の過去」を指します。「今」を意味する currently との
違いは Part 5 に出るかも。　☐ finally 副 ついに

I 've just finished my report.
　 have + -ed/en

動作の完了や結果を表わすことがあります。
just, already, recently, finally とよく一緒に使われます。

1) ニック（は）/ちょうど食べたところだ/昼ごはん（を）
　 Nick はちょうど昼食をとったところです。

2) その試合（は）/すでに始まった
　 その試合はもう始まっています。

3) エリカとマサヒロ（は）/別れたところだ/最近
　 Erica と Masahiro は最近別れたところです。

4) わたしたち（は）/すでに観た/この映画（を）
　 私たちは、もうこの映画を観ています。

5) わたし（は）/ついに見つけた/わたしの鍵（を）
　 ついに自分の鍵を見つけました。

アメリカ英語では、この用法で have+-ed/en ではなく、ただの -ed 形を使っ
た普通の過去の文で済ますことがあります。
Nick just ate lunch.
The game already started.
Erica and Masahiro broke up recently.
I finally found my key.

69 「…したことがある」

Track 164

Target Sentence

I've been to London once.

ロンドンに1度行ったことがあります。

Practice

Track 165

1）Rick / has seen / the woman / many times.

2）The company / has changed / its name / several times.

3）Gary / has worked / with many Chinese people.

4）To date, / Leah / has married / six men.

5）We / 've contacted / Mr. Samuelson / a few times / in the past.

Words & Phrases

☐ (< seen) see 動 会う ☐ change 動 変える ☐ several 限定 いくつかの
☐ to date 現在まで 💬比較的 TOEIC に出る表現です。
☐ (married <) marry 動 結婚する ☐ contact(ed) 動 連絡する 💬check with
Mr. Samuelson / communicate with Mr. Samuelson と違い、人を後ろにすぐとるという
知識は Part 5 に役立つかも。 ☐ in the past 過去に

□ have been to X　X に行ったことがある
□ X times　X 回、X 度（1 回は once、2 回は twice）

I 've been to London once.

have -ed/en　　　　　　　　回数を表わす表現

過去から現在まで行われてきた経験を表わすことがあります。

1）リック（は）/会ったことがある/その女性（に）/たくさんの回数
　　Rick はその女性になんども会ったことがあります。

2）その会社（は）/変えたことがある/会社の名前（を）/何回か
　　その会社は何度か社名を変更したことがあります。

3）ギャリー（は）/働いたことがある/たくさんの中国人と一緒に
　　Gary はたくさんの中国人と働いたことがあります。

4）現在までに/リア（は）/結婚したことがある/6 人の男（と）
　　Leah はこれまでに 6 人の男性と結婚したことがあります。

5）わたしたち（は）/連絡したことがある/サミュエルソンさん（に）/何度か/過去に
　　私たちは、過去に数回 Samuelson さんに連絡をとったことがあります。

Useful Tip

1）Melissa has been to Germany.
2）Melissa has gone to Germany.
どちらも have+-ed/en の文ですが、have been to X は「X に行ったことがある（いまは X にはいないでここにいる）」であり、have gone to X は「X に行ってしまったので（いま X にいるのでここにはいない）」いう違いがあります。

「まだ…していません／もう…しましたか？」

Target Sentence 🎧 Track 166

We haven't received an e-mail from her yet.

私たちは、まだ彼女からメールを受け取っていません。

Have you finished the marketing report?—I'm still working on it.

マーケティング報告書を終えましたか。—まだ作業中です。

Practice 🎧 Track 167

1) Melinda / has never been / to Poland.

2) The building / hasn't been used / since the previous owner left.

3) Has / Roger / ever run / a company?—Yes /, he / has.

4) Has / Laura / left the office?—No /, she /'s / still at work.

5) Have / you / seen / Mr. Nelson?—Yes /, last August.

6) Has / Dave / arrived / in Detroit / yet?—Yes /, he / already / got / there.

Words & Phrases

- [ ] receive(d) 動 受け取る [ ] marketing report 販売報告書
- [ ] work on 作業する [ ] building 名 建物 [ ] use(d) 動 使う
- [ ] previous 形 (以)前の [ ] owner 名 所有者 [ ] run 動 運営する
- [ ] (left <) leave 動 去る [ ] at work 仕事中である [ ] last 限定 この前の
- [ ] arrive(d) 動 到着する [ ] get there = get to the place

□ yet 副《否定文で》まだ；《疑問文で》もう　□ still 副 いまだに
□ since 接《＋〜》〜からずっと、〜以来　□ ever 副 いままでに
□ already 副 すでに

We have n't received an e-mail from her yet.
否定の時は have の後ろに not あるいは never を置く

Have you finished the marketing report?
疑問文のときは have を先頭に持ってくる

1) メリンダ（は）/行ったことがない/ポーランドに
　　Melinda はポーランドに行ったことがありません。

2) その建物（は）/ずっと使われていない//前の所有者が去ってから
　　この建物は、前の所有者が手放して以来ずっと使われていません。

3) ことがあるか/ロジャー（は）/経営した/会社（を）―はい/彼（は）/あります
　　Roger は今までに会社を経営したことがありますか。―はい、あります。

4) しているか/ローラ（は）/オフィスを出た―いいえ/彼女（は）/である/まだ勤務中で
　　Laura はオフィスを出ていますか。―いいえ、まだ勤務中です。

5) ことがありますか/あなた（は）/会った/ネルソンさん（に）―はい/去年の 8 月
　　Nelson さんに会ったことがありますか。―はい、昨年の 8 月に。

6) してますか/デイヴ（は）/着いた/デトロイト（に）/もう―はい/彼（は）/すでに/着いた/そこに
　　Dave はもう Detroit に到着しましたか。―はい、彼はもう着きました。

Useful Tip　🎧 Track 168

次の省略形を押さえておきましょう：have ➡ 've / has ➡ 's / have not ➡ haven't / has not ➡ hasn't
I have (= I've) been to Poland. She has (= She's) been to Poland.
I have not (= I haven't) been to Poland.
She has not (= She hasn't) been to Poland.

71 「どのぐらいの間／何度…したのですか？」

Target Sentence 🎧 Track 169

How long have you been in England?—A week.
英国にはどれくらいいるのですか。— 1 週間です。

How many times have you changed jobs?—Many times.
何回転職しましたか。—何回もです。

Practice 🎧 Track 170

1) How long / have / you / been / on a diet?—Just for a few weeks.

2) How long / has / Jason / lived / in Seattle?—Five years.

3) How many times / have / you / won / this award?—Only once.

4) How many times / have / you / been / to Paris?—More than ten.

5) How many companies / have / you / ever worked / for?—Just two.

Words & Phrases

☐ change jobs 職を変える　☐ be on a diet ダイエット中である
☐ win an award 賞を受賞する　☐ only 副 ～だけ　☐ once 副 1 度、1 回
☐ ever 副 今までに　☐ since 接《＋～》～からずっと、～以来
☐ just 副 たったの、単に

☐ **how long** どれぐらいの長さ（期間をたずねる）
☐ **how many times** 何回（回数をたずねる）
💬 これらは have + -ed/en の疑問文と一緒によく使われる。

How long have you been in England?
How many times have you changed jobs?

1) どのぐらいの長さ／しているか／あなた（は）／だった／ダイエット中で—たったの数週間
   どれくらいの間ダイエットをしているのですか。―数週間だけです。

2) どのぐらいの長さ／しているか／ジェイソン（は）／住んだ／シアトルに—5年間
   Jason はどれくらいシアトルに住んでいますか。―5年です。

3) 何回／したことがあるか／あなた（は）／勝ち取った／この賞（を）—たったの1回
   何回この賞を受けたことがありますか。―1回だけです。

4) 何回／したことがあるか／あなた（は）／行った／パリに—10回よりも多く
   何回 Paris に行ったことがありますか。―10回を超えています。

5) いくつの会社／したことがあるか／あなた（は）／いままで働いた／ために—たったの2社
   これまでに何社に勤務したことがありますか。―2社だけです。

Useful Tip   🎧 Track 171

動詞 be の -ed/en 形は通常 been /bɪn/ と発音されます。
How long have you been in England?
How many times have you been to Paris?

72 「〜が欲しい／…したいのですが」

🎧 Track 172

I'd like to make an announcement.
ご報告したいことがあります。

Would you like some coffee?
コーヒーはいかがですか。

Practice ▶

🎧 Track 173

1) I'd like to see / the menu.

2) I'd like to introduce / my coworker / to you.

3) I'd like to say thanks / to all of you.

> 💬 Part 4 で、受賞スピーチで式場にいる同僚や協力者に受賞者が礼を言うことがあります。

4) Would / you / like / some more? —No / , thanks / . I'm / full.

5) What / would / you / like to drink? —Orange juice / / if / you / have / it.

Words & Phrases

- ☐ make an announcement 告知をする ☐ menu 名 メニュー
- ☐ introduce 動 紹介する ☐ coworker 名 同僚
- ☐ say thanks to X X に礼を言う ☐ all of X X のすべて
- ☐ more 副 もっと ☐ full 形 満たされた ☐ drink 動 飲む
- ☐ if 接《＋〜》もし〜

want (to *do*) をより丁寧にした表現として would like (to *do*) があります。

I'd like to **make an announcement.**
= I want to **make an announcement.**

Would **you** like **some coffee?**
= Do **you** want **some coffee?**

1) わたし（は）/見たい/メニュー
   メニューを見たいのですが。

2) わたし（は）/紹介したい/わたしの同僚（を）/あなたに
   私の同僚を紹介します。

3) わたし（は）/礼を言いたい/あなた方みんなに
   皆さんに感謝申し上げます。

4) ですか/あなた/ほしい/いくらかもっと—いいえ/ありがとう/わたし/である
   /いっぱいの
   もう少しいかがですか。—いいえ、大丈夫です。満腹です。

5) なに/ですか/あなた/飲みたい—オレンジジュース//もし/あなた（が）/持っ
   ている/それ
   お飲み物は何になさいますか。—オレンジジュースがあればお願いします。

| Useful Tip | 🎧 Track 174 |

英語のリズムで発音できない学習者は like を弱く発音する傾向があります。
ふつうの文のときも疑問文のときも強く読んでください。
I'd like to make an announcement.
Would you like some coffee?

73 「…してうれしい／残念な／」

Target Sentence 🎧 Track 175

I'm glad to hear that.

それを聞いて嬉しいです。

Practice 🎧 Track 176

1）I／'m／glad／to see you today.

2）I／'ll be／happy／to offer you some help.

3）I／'m／sorry／to hear that.

4）I／was／surprised／to see Joe working here.

5）Hailey／felt／sad／to know／／that／her ex-boyfriend／was／already married.

💬 TOEIC には出ませんが実生活ではこういうことがたまに起こります。

Words & Phrases

☐ hear 動 聞く、耳にする　☐ see 動 会う　☐ today 副 きょう
☐ offer 動 提供する　☐ help 名 助けること
☐ see X doing X が…しているのを見る
☐ ex-boyfriend 名 以前付き合っていた男性　☐ already 副 すでに
☐ (married <) marry 動 結婚する

ここでの to *do* は感情の原因を表します。

I'm glad to hear that.

感情　　　　to *do*

1) わたし（は）/である/うれしい/あなたにきょうお会いして
   今日はお会いできて嬉しいです。

2) わたし（は）/でしょう/喜んで/あなたにいくらかの助けを提供することができて
   喜んでお手伝いしましょう。

3) わたし（は）/である/残念だ/それを聞いて
   それを聞いて残念です。

4) わたし（は）/だった/驚いて/ジョーがここで働いているのを見て
   Joe がここで働いているのを見て驚きました。

5) ヘイリー（は）/感じた/悲しく/知って//彼女の元彼氏/であった/すでに結婚している
   Hailey は彼女の元カレがもう結婚していると知って悲しい気持ちになった。

Useful Tip

🎧 Track 177

このタイプの文は to の前の感情を表わす形容詞と to の直後の動詞に強勢を置いて発音します。
I'm glad to hear that.
I'll be happy to offer you some help.
Hailey felt sad to know that her ex-boyfriend was already married.

Target Sentence

🎧 Track 178

I didn't know what to do.

何をしたらよいのか分かりませんでした。

Practice ▶

🎧 Track 179

1) We / asked / the guard / where to park.

2) We / have to decide / which service to use.

3) Becky / totally forgot / when to turn in the marketing report.

4) This sign / shows / which way to go.

5) Barry / told / us / what to bring to the company picnic.

💬 日本の社員旅行もアメリカの会社主催のピクニックもどんどん減っているようですが、TOEIC ではたびたび出ます。

Words & Phrases

□ ask X Y　X に Y をたずねる　□ guard 名 門番、守衛
□ park 動 駐車する　□ have to do …しなければならない
□ decide 動 決める　□ service 名 サービス、顧客に提供する給仕
□ totally 副 すっかり、完全に　□ (forgot <) forget 動 忘れる
□ turn X in = turn in X　X を提供する　□ marketing report 販売促進報告書
□ show(s) 動 示す　□ way 名 道、方向
□ bring X to Y　X を Y に持ってくる

I didn't know what to do.

WH   to *do*

1) わたしたち（は）/たずねた/守衛（に）/どこに駐車するべきか（を）
   どこに駐車すればよいか守衛に尋ねました。

2) わたしたち（は）/決めなくてはならない/どのサーヴィスを使うのか
   どちらのサービスを利用するか決めなければなりません。

3) ベッキー（は）/すっかり忘れた/いつマーケティングレポートを提出するのか（を）
   Becky はマーケティング報告書をいつ提出すべきか完全に忘れていました。

4) この標識（は）/示す/どちらの方向へ行くのか（を）
   この看板は行き道を示しています。

5) バリー（は）/教えた/私たち（に）/会社のピクニックに何を持ってくるべきか（を）
   Barry は私たちに会社のピクニックに何を持ってくるか教えてくれました。

75 「…する方法」

🎧 Track 180

Target Sentence

Mr. Mattias knows how to lead a team.

マティアスさんはチームを指揮する方法を知っています。

Practice 🎧 Track 181

1) Do/you/know/how to use this copy machine?

   💬 TOEIC にはなぜかコピー機がよく登場し、そしてよく故障します。

2) Can/you/tell/me/how to write this form?

3) Could/you/tell/me/how to get to the station?

   💬 中学校の教科書にも、英会話のテキストでもおなじみの文ですが、TOEIC にもたまに出ます。× Could you show me ... ? とはしません。理由は ☞ p.105

4) Tak/showed/me/how to play the guitar.

5) Larry/taught/me/how to get more customers.

Words & Phrases

- [ ] lead 動 導く、率いる　[ ] use 動 使う
- [ ] copy machine コピー機　[ ] tell X Y X に Y を教える　[ ] write 動 書く
- [ ] form 名 記入用紙、フォーム　[ ] get to X X に着く
- [ ] show X Y X に Y を示して教える　[ ] play the guitar ギターを引く
- [ ] teach X Y X に Y を教える　[ ] more 限定 もっと多くの
- [ ] customer 名 顧客

□ how to *do* …する（ための）方法、どうやって…するか

Mr. Mattias knows how to lead a team.

WH   to *do*

1) するか/あなた（は）/知っている/どうこのコピー機を使うのか
このコピー機の使い方を知っていますか。

2) してくれるか/あなた（は）/教える/わたし（に）/どのようにこの記入用紙に書くのか（を）
この用紙の書き方を教えてくれますか。

3) していただけるか/あなた（は）/教える/わたし（に）/駅への行き方（を）
駅までの行き方を教えていただけますか。

4) タク（は）/見せた/わたし（に）/ギターの弾き方（を）
Tak はギターの弾き方を見せてくれました。

5) ラリー（は）/教えた/わたし（に）/顧客を獲得する方法（を）
Larry は集客法を私に教えてくれました。

Useful Tip

多くの場合、この how は the way で置き換えることができます。
Could you tell me how to get to the station?
= Could you tell me the way to get to the station?
Larry taught me how to get more customers.
= Larry taught me the way to get more customers.

76 「…することが〜である」

🎧 Track 182

It's important to understand customers' needs.

顧客の需要を理解することが大切です。

Practice ▶

🎧 Track 183

1) It/was/interesting/to work with different kinds of people.

2) It/'s/not easy/for anyone/to speak in public.

3) It/was/easy/for people in this town/to answer questions about these historical sites.

4) It/will be/difficult/for X & Y Company/to keep its sales target.

5) It/is/very kind/of you/to tell us that in advance.

💬 親切にしてもらったときに That's very kind of you. というお礼も TOEIC に出ます。

Words & Phrases

☐ important 形 重要な　☐ understand 動 理解する
☐ customer 名 顧客　☐ need 名 需要、必要としていること
☐ interesting 形 興味深い　☐ different 形 異なった　☐ kind 名 種類
☐ easy 形 やさしい、簡単な　☐ for 前 X にとって　☐ anyone 代名 だれでも
☐ in public 人前で　☐ town 名 町　☐ answer 動 答える
☐ historical site 史跡、歴史ゆかりの場所　☐ difficult 形 難しい
☐ keep 動 保つ　☐ sales target 営業目標　☐ kind 形 親切な
☐ in advance 前もって

原型の文 **To understand customers' needs is important.**

ぎこちないので it をもってきて、to do は後に

自然な文 **It's important to understand customers' needs.**

---

1) それ（は）（→）/だった/面白い/さまざまな種類の人と一緒に働くこと
   色々なタイプの人と働くのは面白かったです。

2) それ（は）（→）/である/やさしくない/だれにとっても/人前で話すこと
   公衆の面前では話すのは誰にとっても簡単ではありません。

3) それ（は）（→）/だった/やさしい/この町の人にとって/これらの史跡についての質問に答えること
   この町の人にとってはこれらの史跡に関する質問に答えるのは簡単でした。

4) それ（は）（→）/である/難しい/X＆Y社にとって/営業目標を保つこと
   X＆Y Company がその売り上げ目標を維持するのは難しいでしょう。

5) それ（は）（→）/である/親切な/あなたが/前もってわたしたちに話してくれること
   それを事前に私たちに話してくれて、あなたはとても親切ですね。

Useful Tip

「X が…するのは～である」は通常 it is ~ for X to do ですが、～が人の性質を表わす形容詞のときは it is ~ of X to do を使います。

It's not easy for anyone to speak in public.

It is very kind of you to tell us that in advance.

77 「Xに…してほしい」

🎧 Track 184

We want more people to attend the seminar.

私たちは、もっと多くの人にそのセミナーに出席してほしいです。

Practice 🎧 Track 185

1) Seth / wants / his boss / to help him.

2) We / want / you / to learn more about our business.

3) I'd like / you / to manage this project.

4) Would / you / like / me / to contact Mr. Sandler?

　　💬 上司に行動の確認をとる Part 2 でおなじみの設定。

5) Do / you / want / me / to give you a ride?—That / 's very / kind / of you.

Words & Phrases

- [ ] more 限定 もっと多くの　[ ] attend 動 出席する
- [ ] seminar 名 研修会、セミナー　[ ] boss 名 上司
- [ ] help 動 手伝う、手助けする　[ ] learn 動 学ぶ　[ ] business 名 事業
- [ ] manage 動 やりくりする　[ ] project 名 事業計画、企画
- [ ] contact 動 連絡をとる　[ ] give X a ride Xを車に乗せる

would like X to *do* = want X to *do*
X に…してほしい、X が…することを望む

We want more people to attend the seminar.

動作の主体   to *do*

1) セス（は）/望んでいる/彼のボス（が）/彼を手伝ってくれること（を）
Seth は上司に手伝って欲しいと思っています。

2) わたしたち（は）/望んでいる/あなた（が）/わたしたちの事業についてもっと学ぶこと（を）
あなたに私たちの業務についてもっと勉強して欲しいです。

3) わたし（は）/望む/あなた（に）/このプロジェクトをやりくりすること（を）
あなたにこのプロジェクトを管理して欲しいのですが。

4) ですか/あなた（は）/望む/わたし（に）/サンドラーさんに連絡をとること（を）
Sandler さんに連絡をしましょうか。

5) するか/あなた（は）/望む/わたし（に）/あなたを車にのせること（を）—それ（は）/とても/親切な/あなたが
お送りしましょうか。—ご親切にありがとうございます。

Useful Tip

Do you want me to *do*? / Would you like me to *do*? は気をきかせて親切を申し出るときによく使われます。イギリス英語では Shall I *do*? が代わりによく使われます。Shall I contact Mr. Sandler? / Shall I give you a ride?
💬 Part 2 ではどれもよく出ます。

「Xに…するように言う／頼む」

🎧 Track 186

Ms. Shin told her assistant to reserve a hotel to stay in.

シンさんは彼女のアシスタントに滞在するホテルを予約するように言いました。

Practice 🎧 Track 187

1）Mr. Will / told / us / to discuss in small groups.

2）The gatekeeper / told / us / not to enter the building.

3）Could / you / tell / Ms. Lindberg / to call me back later?
　—Sure /, I / will.

4）Beth / asked / Todd / to help her with her sales report.

5）Why don't you / ask / Michelle / to fix this problem?
　—That / 's / a good idea.

Words & Phrases

☐ assistant **名** 助手、アシスタント　☐ reserve **動** 予約する
☐ hotel **名** ホテル、宿　☐ stay **動** 泊まる、滞在する
☐ discuss **動** 話し合う　☐ small **形** 小さい　☐ gatekeeper **名** 門番、守衛
☐ enter **動** 入る　☐ call X back Xに折り返し電話する　☐ later **副** 後で
☐ help X with Y Xを Yのことで手伝う
☐ Why don't you *do*? ～してはいかがですか？　☐ fix **動** 直す、修繕する
☐ problem **名** 問題

Words & Phrases

tell X to *do* X に…するように言う

ask X to *do* X に…するように頼む

💬 いずれも X はたいてい人で続く to *do* の動作の主体であることがポイント。

Ms. Shin told her assistant to reserve a hotel to stay in.

X　　　　　　　　　to *do*

1) ウィルさん（は）/言った/わたしたち（に）/小さなグループで話し合いをする
ように

Will さんは私たちに小グループで相談するように言いました。

2) その門番（は）/言った/わたしたち（に）/その建物の中に入らないように

守衛は私たちにその建物に立ち入らないように言いました。

3) していただけるか/あなた（が）/言う/リンドバーグさん（に）/後で折り返し
わたしに電話するように—もちろん/わたし（は）/やります

Lindberg さんにあとで折り返し電話をくれるように伝えていただけますか。
—分かりました、そうします。

4) ベス（は）/頼んだ/トッド（に）/営業報告書のことで彼女を手伝うように

Beth は Todd に売り上げ報告書を手伝ってくれるように頼みました。

5) してはどうか/頼む/ミシェル（に）/この問題を修繕するように—それ/であ
る/よい考え

Michelle にこの問題を解決するように頼んではどうですか。—それはいい
考えですね。

Useful Tip

「～しないように」と to *do* を否定するときは直前に not を
置きます。The officer told/ us not to enter the building.

79 「Xが…する/しているのを見る/聞く/」

Target Sentence　🎧 Track 188

We saw Brenda go into the building.
ブレンダがその建物に入るのを見ました。

We saw a boy and a girl having an argument.
少年と少女が口論をしているのを見ました。

Practice　🎧 Track 189

1) A few people/saw/Juliet/kiss Romeo.

2) A few people saw/Juliet/kissing Romeo.

💬 TOEIC には出ませんが、英米文化の常識としてシェイクスピアを少し知っておくこともよいでしょう。

3) We/saw/water/shaking.

4) Gayla/heard/her name/being called.

💬 Gayla heard her boss call her name. なら「Gayla は上司が自分の名前を呼ぶのを聞いた」となる。

5) Let/me/check//if/my schedule/is/free/on Thursday.

6) Ms. Donaldson's speech/made/people/cry.

Words & Phrases

☐ into 前 X の中へ　☐ have an argument 口論をする
☐ kiss 動 口づけをする　☐ (shaking <) shake 動 揺れる　☐ call 動 呼ぶ
☐ check 動 確認する　☐ if 接《＋～》～かどうか
☐ schedule 名 予定（表）　☐ free 形 自由な、予定が空いている
☐ speech 名 演説、スピーチ　☐ cry 動 泣く

We saw Brenda go into the building.
　　　　　　X　　　　　　　　*do*

We saw a boy and a girl having an argument.
　　　　　　　　　X　　　　　　　　*doing*

1) 何人かの人々（は）/見た/ジュリエット（が）/ロミオにキスするの（を）

Juliet が Romeo にキスをする一部始終を数人が目にしました。

2) 何人かの人々（は）/見た/ジュリエット（が）/ロミオにキスしているところ（を）

Juliet が Romeo にキスをしているのを数人が目にしました。

3) わたしたち（は）/見た/水（が）/ゆれているの（を）

水が揺れているのを見つけました。

4) ゲイラ（は）/聞いた/彼女の名前（が）/呼ばれるところ（を）

Gayla は自分の名前が呼ばれるのを聞きました。

5) させろ/わたし（が）/確認する//かどうか/わたしの予定（が）/である/空いている/木曜日に

木曜日に予定が空いているか確認させてください。

6) ドナルドソンさんのスピーチ（は）/させた/人々/泣く

Donaldson さんのスピーチは人々を泣かせました。

「…している X」

Target Sentence 🎧 Track 190

The girl talking with Sam is my ex-girlfriend.

サムと話しているその少女は、元カノです。

Practice 🎧 Track 191

1) Mr. Long / is / the gentleman standing by the door.

2) The lady speaking on stage / is / Vanessa Carlton.

3) Can / you / see / the people working on the roof? —No / I / can't see / well.

4) Who / is / the girl sitting next to Eli? —That / 's / Jessica.

5) The journalist / interviewed / a woman running a big company.

Words & Phrases

☐ ex-girlfriend 名 昔つきあっていた女性　☐ gentleman 名 男性
☐ by 前 X のそばに 💬「X によって」「X までに」と複数の意味がありますが、きちんと
覚えておくと Part 5 に役立ちます。　☐ on stage 舞台の上で　☐ roof 名 屋根
☐ sit 動 座る、腰掛ける　☐ next to X X のわきで
☐ journalist 名 報道記者、ジャーナリスト
☐ interview 動 面接する、取材する　☐ run 動 運営する

💬The girl ------- with Sam is my ex-girlfriend.
(A) to talk　(B) talks　(C) talked　(D) talking
という Part 5 形式の問題があればサッと答えられますか？

The girl talking with Sam is my ex-girlfriend.

doing 形がどんな女の子かを説明

1) ロングさん（は）/である/ドアのそばに立っている男性
   Long さんはドアのそばに立っている紳士です。

2) ステージの上で話している女性/である/ヴァネッサ・カールトン
   ステージで話している女性は Vanessa Carlton です。

3) できるか/あなた（は）/見る/屋根の上で仕事をしている人たち—いいえ/わたし（は）/見えない/よく
   屋根の上で作業している人々が見えますか。—いいえ、よく見えません。

4) 誰/ですか/エリーのとなりに座っている女性—あれ（は）/である/ジェシカ
   Eli の隣に座っている女の子は誰ですか。—あれは Jessica です。

5) その記者（は）/取材した/大きな会社を経営している女性
   そのジャーナリストは大会社を経営している女性にインタビューしました。

Useful Tip　　　　　　　　　　　　　🎧 Track 192

the girl で切らず 1 つの名詞のカタマリとしてひと息で発音してください。
The girl talking with Sam/ is my ex-girlfriend.
Can you see / the people working on the roof?

81 「…された X」

Bob showed me a movie made in 1940.

ボブは 1940 年に製作された映画を私に見せました。

Practice 🎧 Track 194

1) The fruits <u>sold in this grocery store</u>/are/always fresh.

2) Cars <u>made in Germany</u>/are/expensive.

3) Do/you/understand/that sign <u>written in Arabic</u>?

4) A woman <u>called Laura Park</u>/wants to meet/you.

   💬 秘書のせりふ。時代が進んで、会長や社長も自分のことは自分でやるようになってきましたが、TOEIC ではときどき秘書やアシスタントが出てきます。

5) Earl/proudly showed/us/some pictures <u>drawn by a famous artist</u>.

Words & Phrases

☐ show(ed) 動 見せる　☐ fruit 名 くだもの
☐ grocery store 食料品店、スーパー　☐ always 副 いつも
☐ fresh 形 新鮮な　☐ expensive 形 高価な　☐ understand 動 理解する
☐ sign 名 標識、署名　☐ proudly 副 誇らしげに　☐ picture 名 絵
☐ (drawn <) draw 動 描く　☐ famous 形 有名な　☐ artist 名 画家、芸術家

💬 文の中に小さな文が入っている複雑な文構造を処理できると英語の勉強はぐっと楽になります。Part 5 で仮にこう出題されても即答できます。

Bob showed me a movie ------- in 1940.
(A) makes   (B) made   (C) making   (D) to make

Bob showed me a movie made in 1940.

↖ -ed/en 形がどんな映画かを説明

1) この食料店で売られている果物/である/いつも新鮮
   この食料店で売られている果物はいつも新鮮です。

2) ドイツで作られた自動車/である/高価な
   ドイツ製の車は高価です。

3) するか/あなた(は)/理解する/アラビア語で書かれたあの標識
   アラビア語で書かれたあの看板が理解できますか。

4) ローラ・パークと呼ばれる女性(が)/会いたがっている/あなた(に)
   Laura Park と呼ばれている女性があなたに会いたがっています。

5) アール(は)/誇らしげに見せた/わたしたち(に)/有名な芸術家によって描かれた何枚かの絵(を)
   Earl は有名な芸術家によって描かれた絵画を何点か自慢げに私たちに見せました。

Useful Tip   🎧 Track 195

-ed/en 形の前で決して切らずに、1 つの名詞のカタマリとしてひと息で発音してください。

The fruits sold in this grocery store/ are always fresh.

Do you understand / that sign written in Arabic?

82 「X が…する Y」

Track 196

The comedian I saw last week was really funny.
私が先週会ったお笑い芸人はとても面白かったです。

The clothes that Alicia wears always suit her.
アリシアが着ている服はいつも似合っています。

Practice

Track 197

1) Donna / works / for // the company I run.

2) People Joe loves // often get / him / in trouble.

3) Great travel writers / never forget // anything they
   experience during their trips.

4) You / should set // a goal that you can reach.

5) The movies that Mr. Anderson makes // always show /
   teenagers' real lives.

Words & Phrases

- ☐ comedian 名 喜劇役者　☐ funny 形 笑いを誘う、おもしろい
- ☐ clothes 名 (衣) 服　☐ wear 動 着ている　☐ always 副 いつも
- ☐ suit 動 似合う　☐ run 動 運営する　☐ get X ~ X を~の状態にする
- ☐ in trouble 困った状態で　☐ great 形 すばらしい　☐ travel writer 紀行作家
- ☐ never 副 決して…ない　☐ forget 動 忘れる　☐ experience 動 経験する
- ☐ during 前 X のあいだ　☐ trip 名 旅　☐ set a goal 目標を設定する
- ☐ reach 動 届く、たどりつく　☐ teenager 名 10 代の人　☐ real 形 実際の
- ☐ life 名 生活

The comedian I saw last week was really funny.

The clothes (that) Alicia wears always suit her.

1) ドナ（は）/仕事をしている/のために//わたしが運営する会社
   Donna は私が経営する会社に勤務しています。

2) ジョーが愛する人々（は）//しばしばする/彼を/困難な状態に
   Joe の大好きな人は皆彼を困らせます。

3) 優れた旅行作家（は）/決して忘れない//旅行のあいだに彼らが経験したこと
   は何でも
   素晴らしい旅行ライターは旅行中に経験したどんなことも忘れません。

4) あなた（は）/設定したほうがよい//自分が届く目標
   到達できる目標を設定した方がいいです。

5) アンダーソンさんが作る映画（は）//いつも見せる/10 代の若者たちの実際
   の生活
   Anderson さんが作る映画はいつも 10 代のリアルな生活を描きます。

Useful Tip

名詞のカタマリの部分は次のように作られると考えるとよいでしょう。
I saw the comedian last week. 下線部の名詞を先頭に出す
→ the comedian (who) I saw　名詞が人なので who
Alicia wears the clothes 下線部の名詞を先頭に出す
→ the clothes (that) Alicia wears　名詞がものなので that
who/that はオプションでつけないほうがむしろ自然です。

83 「…する人」

🎧 Track 198

Stacy doesn't like people who only think about themselves.

ステイシーは自分のことしか考えない人たちが好きではありません。

Practice

🎧 Track 199

1) We/have//a few employees who speak Arabic very well.

2) Todd/works/for//a company that makes movies.

3) Peggy/still loves//the man who left her three years ago.

4) Brian/has//a car that runs on only electricity.

5) Everybody/wants//a job that pays well.

Words & Phrases

☐ like 動 好む、好きである　☐ only 副 ～だけ
☐ think about X X について考える　☐ a few いくつかの
☐ employee 名 従業員　☐ well 副 うまく、よく　☐ still 副 いまだに
☐ ago 副《＋時間》～前に　☐ run(s) 動 作動する　☐ electricity 名 電気
☐ everybody 代名 誰でも　☐ pay(s) 動 給料を支払う

💬 まずは長い名詞のカタマリを見抜いて正しく意味を処理できるようになることを目指してください。それが、TOEIC のための勉強においても一番大事です。

Stacy doesn't like people who only think about themselves.

どんな人々かを説明

1) わたしたち（は）/持っている//アラビア語をとても上手に話す従業員
   アラビア語を上手に話す従業員が数人います。

2) トッド（は）/仕事をしている/のために//映画を作る会社
   Todd は映画制作会社に勤務しています。

3) ペギー（は）/いまだに愛しています//彼女を 3 年前去った男（を）
   Peggy は 3 年前に別れた男性のことをまだ愛しています。

4) ブライアン（は）/持っている//電気でのみ動く車（を）
   Brian は電気だけで走る車を持っています。

5) 誰も（が）/ほしい/給料をたくさん支払ってくれる仕事（を）
   誰もが給料のよい仕事を欲しがります。

Useful Tip

名詞のカタマリの部分は次のように作られると考えるとよいでしょう。
A few employees speak Arabic very well.
➡ a few employees who speak Arabic very well.
A job pays well.
➡ a job that pays well.
下線部の名詞が人であれば who を、もの・ことであれば that を直後（動詞の前）に置く。この who/that は省略できません。

84 「どこに／どのように／何を〜か」

Target Sentence

🎧 Track 200

I don't know where Dana lives.

デイナがどこに住んでいるか知りません。

Practice

🎧 Track 201

1) Do / you / know // who / is talking / to Abby? —No /, she / 's / probably new / here.

2) Can / you / tell / me // how / I / can get / to the museum?— Follow / the sign over there.

3) Do / you / remember // when / we / first / met?—Yes /, at a conference in Rome.

4) I / didn't understand // what / Ms. Jenkins / said.

5) The journalist / is trying / to find out // what / happened / between the guitarist and the young actress.

6) Everybody / asked / Sam // why / he / missed / the meeting / this morning.

Words & Phrases

☐ museum 名 博物館、美術館　☐ follow 動 従う
☐ remember 動 覚えている　☐ first 副 最初は
☐ find X out = find out X　X を見つけ出す　☐ happen(ed) 動 起きる
☐ between X and Y　X と Y のあいだに　☐ miss(ed) 動 欠席する

💬 この文構造の文は Part 2 で毎回 1、2 問は出るはずです。

I don't know <u>where</u> Dana lives.
              WH   ふつうの文の語順

（× where does Dana live）

1) するか／あなた（は）／知っている／／誰（が）／話している／アビーと―いいえ／彼女（は）／である／たぶん新しい／ここで
   Abby に話しかけている人を知っていますか。―いいえ、新人だと思います。

2) してくれるか／あなた（は）／教える／わたし（に）／／どのように／わたし（は）／着くことができる／その美術館に―従え／あそこにあるその標識
   美術館への行き方を教えてくれますか。―そこの看板に従ってください。

3) するか／あなた（は）／覚えている／／いつ／わたしたち（は）／最初に／会った―はい／ローマでの大きな会議で
   私たちが初めて会ったときのことを覚えてますか。―はい、ローマの会議でした。

4) わたし（は）／わからなかった／／何／ジェンキンスさん（が）／言った
   Jenkins さんが何と言ったか分かりませんでした。

5) そのジャーナリスト（は）／しようとする／見つけることを／／何（が）／起きたのか／そのギタリストとその若い女優の間に
   ジャーナリストは、ギタリストと若い女優との間に何が会ったのかを見つけ出そうとしています。

6) みんな（が）／たずねた／サム（に）／／なぜ／彼（は）／欠席した／その会議／今朝
   みんなが Sam になぜ今朝のミーティングを欠席したのかを尋ねました。

Useful Tip

Do you ...? の形でも Yes/No だけの返答になることはありません。

85 「ですよね？」

🎧 Track 202

This product is a bit expensive, isn't it?

この製品は少し値段が高いですよね。

Practice 🎧 Track 203

1) You / were / in New York / at that time //, weren't / you?
—That's / correct.

2) This cake / tastes / a bit too sweet //, doesn't / it?—Oh /, it /
tastes / perfect / to me.

3) Jason / can read / Arabic //, can't / he?—No /, he / can read /
Persian.

4) Amanda / has already left / the office //, hasn't / she?—No /,
she / 's still working.

5) Martha and Fez / are getting married //, aren't / they?—Yes /,
Martha / says // they / will.

Words & Phrases

☐ product 名 製品 ☐ a bit ちょっと ☐ expensive 形 高価な
☐ correct 形 正しい ☐ cake 名 ケーキ ☐ taste(s) 動《+~》~の味がする
☐ sweet 形 甘い ☐ perfect 形 完璧な ☐ read 動 読む
☐ already 副 すでに

This product is a bit expensive, isn't it?

否定形　代名詞

1) あなた（は）/いた/ニューヨークに/そのとき//ではなかったかな/あなた
（は）―それ（は）/である/正しい

あなたはそのときニューヨークにいましたよね。―はい、その通りです。

2) このケーキ（は）/味がする/ちょっと甘い//しないかな/それ（は）―そうです
か/それ（は）/味がする/完璧な/わたしには

このケーキはちょっと甘すぎますよね。―私にはちょうどいいです。

3) ジェイソン（は）/読める/アラビア語//できないかな/彼（は）―いいえ/彼（は）
/読めます/ペルシャ語

Jason はアラビア語が読めますよね。―いいえ、彼はペルシャ語が読めます。

4) アマンダ（は）/すでに去った/オフィス（を）//しなかったかな/彼女（は）―
いいえ/彼女（は）/まだ仕事をしている

Amanda はもう退社していますよね。―いいえ、まだ仕事中です。

5) マーサとフェズ（は）/結婚する過程にある//ではないかな/彼ら（は）―はい/
マーサ（は）/言う//彼ら（は）/するだろう

Martha と Fez は結婚するんですよね。―ええ、Martha はすると言ってい
ます。

Useful Tip

カンマの前が否定のときは、カンマの後は肯定です。
Laura is not interested, is she?—Actually, she says she's coming.「Laura
は関心ないですよね―実は、彼女は来ると言っているんです」

86 「あまりに〜なので…」

🎧 Track 204

Target Sentence

The airport is so big that people often get lost.

空港はとても大きくてよく迷う人がいます。

Practice ▶

🎧 Track 205

1) Katlin/looks/<u>so</u> young//<u>that</u>/people/mistake/her/for a high school student.

2) Mr. Wong/is/<u>so</u> smart//<u>that</u>/he/can solve/any problem.

3) This car/is/<u>too</u> expensive/for me/<u>to</u> get.

4) Jack/is/<u>too</u> busy/<u>to</u> give us help.

   💬 TOEIC だと、これを受けて別の人に応援を頼もうという展開になることが多いです。

5) Darin/is/experienced/<u>enough</u>/<u>to</u> become a manager.

Words & Phrases

□ airport 名 空港   □ often 副 しばしば、よく   □ get lost 迷う、見失なう
□ young 形 若い   □ mistake X for Y X を Y と間違える
□ smart 形 頭がよい   □ solve 動 解決する   □ experienced 形 経験豊富な
□ become 動《＋〜》〜になる   □ manager 名 部長、主任

□ so ~ that... あまりに～なので…　　□ too ~ to *do* …するには～すぎる
□ ~ enough to *do* …するのにじゅうぶん～である

The airport is so big that people often get lost.
あまりに　　　　　　　　　どの程度？

1) ケイトリン（は）/見える/あまりに若く//ので/人々（は）/間違える/彼女（を）/高校生と

   Katlin はとても若く見えるので、高校生と間違える人がいます。

2) ウォンさん（は）/である/とても頭がよい//ので/彼（は）/解決できる/どんな問題（も）

   Wong さんはとても賢いので、どんな問題も解決できます。

3) この車（は）/である/高すぎる/わたしが/手に入れる（には）

   この車は、私が購入するには高すぎます。

4) ジャック（は）/である/忙しすぎる/私たちに手を貸す（には）

   Jack は忙しすぎて、私たちを手伝うことはできません。

5) ダーリン（は）/である/経験豊富な/じゅうぶんに/主任になる（のに）

   Darin は、主任になるのに十分経験を積んでいます。

Useful Tip

enough がなくても to *do* が形容詞にかかることがあります。
This article is good to read. 「この記事は読むのによい」

また enough には代名詞と限定詞の使い方もあります。
We will cancel the event if we don't have enough people. （☞ p.131)
The company gives us enough for our salaries. （☞ p.102)

本書で使っている記号

名	名詞	：人・もの・こと（がら）を指す
代名	代名詞	：名詞の代わりに使われている
形	形容詞	：名詞がどんなものか描写・説明する
限定	限定詞	：名詞が指しているものをしぼりこむ（数・量・所有・特定か非特定かなどを表わす）
動	動詞	：動作・状態を表わす
助動	助動詞	：動詞の前にきて話し手の評価や判断などを表わす
副	副詞	：動詞・形容詞・他の副詞・あるいは文全体に意味合いを添える
接	接続詞	：文と文、語（句）と語（句）をつなぐ
前	前置詞	：名詞の前に来て、場所や時間などを表わす
間投	間投詞	：話し手の瞬間的な感情を表わす

do	*do* 形／原形：辞書に載っている動詞のもとの形
to *do*	to *do* 形：to の後に *do* 形が来たもので，さまざまな働きがある
-(e)s	-(e)s 形：主語が 3 人称・単数・時制が現在のときの形
-ed	-ed 形／過去形：過去の出来事を表わすときの形
-ed/en	-ed/en 形：「〜された」「ずっと〜している」などを表わす動詞の変化形
doing	「〜している最中である」「〜すること」などを表わす変化形

(X <) (< Y) のようになっているとき、X が変化形を、Y が *do* 形 / 基本形を表わす。

動詞活用リスト

動詞 do 形	意味	-(e)s 形	-ed 形	-ed/en 形	doing 形
agree	同意する	agrees	agreed	agreed	agreeing
answer	答える	answers	answered	answered	answering
arrive	到着する	arrives	arrived	arrived	arriving
ask	たずねる	asks	asked	asked	asking
attend	出席する	attends	attended	attended	attending
become	～になる	becomes	became	become	becoming
begin	始める	begins	began	begun	beginning
bring	持ってくる	brings	brought	brought	bringing
build	建てる	builds	built	built	building
buy	買う	buys	bought	bought	buying
call	呼ぶ	calls	called	called	calling
cancel	中止する	cancels	canceled	canceled	canceling
change	変える	changes	changed	changed	changing
check	確認する	checks	checked	checked	checking
choose	選ぶ	chooses	chose	chosen	choosing
clean	きれいにする	cleans	cleaned	cleaned	cleaning
close	閉じる	closes	closed	closed	closing
come	来る	comes	came	come	coming
communicate	意思疎通を図る	communicates	communicated	communicated	communicating
contact	連絡する	contacts	contacted	contacted	contacting
cook	料理する	cooks	cooked	cooked	cooking
create	つくりあげる	creates	created	created	creating
decide	決める	decides	decided	decided	deciding
design	設計する	designs	designed	designed	designing
direct	指示する	directs	directed	directed	directing
discuss	話し合う	discusses	discussed	discussed	discussing
do	する	does	did	done	doing
draw	描く	draws	drew	drawn	drawing
drink	飲む	drinks	drank	drunk	drinking
drop	落ちる	drops	dropped	dropped	dropping
eat	食べる	eats	ate	eaten	eating
enter	入る	enters	entered	entered	entering
excite	興奮させる	excites	excited	excited	exciting
experience	経験する	experiences	experienced	experienced	experiencing
explain	説明する	explains	explained	explained	explaining

動詞 do 形	意味	-(e)s 形	-ed 形	-ed/en 形	doing 形
feel	感じる	feels	felt	felt	feeling
find	見つける	finds	found	found	finding
finish	終える	finishes	finished	finished	finishing
fix	修理する	fixes	fixed	fixed	fixing
follow	従う	follows	followed	followed	following
forget	忘れる	forgets	forgot	forgotten	forgetting
get	手に入れる	gets	got	gotten	getting
give	与える	gives	gave	given	giving
go	行く	goes	went	gone	going
grow	育つ	grows	grew	grown	growing
happen	起こる	happens	happened	happened	happening
have	持っている	has	had	had	having
hear	聞こえる	hears	heard	heard	hearing
help	助ける	helps	helped	helped	helping
hold	つかむ	holds	held	held	holding
hope	望む	hopes	hoped	hoped	hoping
interest	興味をもたせる	interests	interested	interested	interesting
interview	面談する	interviews	interviewed	interviewed	interviewing
introduce	紹介する	introduces	introduced	introduced	introducing
invent	発明する	invents	invented	invented	inventing
join	参加する	joins	joined	joined	joining
keep	保つ	keeps	kept	kept	keeping
know	知っている	knows	knew	known	knowing
lead	導く	leads	led	led	leading
learn	学ぶ	learns	learned	learned	learning
leave	去る	leaves	left	left	leaving
lend	貸す	lends	lent	lent	lending
lie	嘘をつく	lies	lied	lied	lying
like	好む	likes	liked	liked	liking
listen	聴く	listens	listened	listened	listening
live	住む	lives	lived	lived	living
look	目を向ける	looks	looked	looked	looking
lose	失なう	loses	lost	lost	losing
love	愛する	loves	loved	loved	loving
make	つくる	makes	made	made	making
manage	管理する	manages	managed	managed	managing
marry	結婚する	marries	married	married	marrying

動詞 do 形	意味	-(e)s 形	-ed 形	-ed/en 形	doing 形
meet	会う	meets	met	met	meeting
miss	見逃す	misses	missed	missed	missing
mistake	間違える	mistakes	mistook	mistaken	mistaking
name	名付ける	names	named	named	naming
need	必要とする	needs	needed	needed	needing
offer	提供する	offers	offered	offered	offering
open	開ける	opens	opened	opened	opening
own	所有する	owns	owned	owned	owning
park	駐車する	parks	parked	parked	parking
perform	演じる	performs	performed	performed	performing
play	活動する	plays	played	played	playing
please	喜ばせる	pleases	pleased	pleased	pleasing
prepare	準備する	prepares	prepared	prepared	preparing
promise	約束する	promises	promised	promised	promising
put	置く	puts	put	put	putting
rain	雨が降る	rains	rained	rained	raining
raise	上げる	raises	raised	raised	raising
read	読む	reads	read	read	reading
receive	受ける	receives	received	received	receiving
relax	くつろぐ	relaxes	relaxed	relaxed	relaxing
remember	覚えている	remembers	remembered	remembered	remembering
reserve	予約する	reserves	reserved	reserved	reserving
run	走る	runs	ran	run	running
say	言う	says	said	said	saying
see	目にする	sees	saw	seen	seeing
sell	売る	sells	sold	sold	selling
send	送る	sends	sent	sent	sending
set	据える	sets	set	set	setting
shop	買い物をする	shops	shopped	shopped	shopping
show	見せる	shows	showed	showed	showing
sign	署名する	signs	signed	signed	signing
sit	座る	sits	sat	sat	sitting
sleep	眠る	sleeps	slept	slept	sleeping
smell	におう	smells	smelt	smelt	smelling
solve	解決する	solves	solved	solved	solving
sound	〜と聞こえる	sounds	sounded	sounded	sounding
speak	話す	speaks	spoke	spoken	speaking

動詞 do 形	意味	-(e)s 形	-ed 形	-ed/en 形	doing 形
stand	立つ	stands	stood	stood	standing
start	開始する	starts	started	started	starting
stay	とどまる	stays	stayed	stayed	staying
stop	止める	stops	stopped	stopped	stopping
study	勉強する	studies	studied	studied	studying
suit	似合う	suits	suited	suited	suiting
surprise	驚かす	surprises	surprised	surprised	surprising
take	とる	takes	took	taken	taking
talk	話す	talks	talked	talked	talking
taste	～の味がする	tastes	tasted	tasted	tasting
teach	教える	teaches	taught	taught	teaching
think	考える	thinks	thought	thought	thinking
travel	旅行する	travels	traveled	traveled	traveling
try	試す	tries	tried	tried	trying
turn	曲がる	turns	turned	turned	turning
understand	理解する	understands	understood	understood	understanding
use	使う	uses	used	used	using
visit	訪れる	visits	visited	visited	visiting
wait	待つ	waits	waited	waited	waiting
want	欲しがる	wants	wanted	wanted	wanting
watch	観る	watches	watched	watched	watching
wear	着る	wears	wore	worn	wearing
win	勝つ	wins	won	won	winning
work	働く	works	worked	worked	working
worry	心配する	worries	worried	worried	worrying

著者プロフィール

石井洋佑　Yosuke Ishii

フランス語の辞書・語学書の編集、シカゴ郊外の公立高校勤務、留学相談や企業研修の
カリキュラム作成などを経験後、現在は複数の教育機関から仕事を請け負う傍ら、語学
書の執筆をしている。University of Central Missouri で MA（Teaching English as a
Second Language）取得。『はじめての TOEIC® L&R テストきほんのきほん』（スリーエー
ネットワーク）、『「意味順」で学ぶ英会話』（JMAM）、『論理を学び表現力を養う 英語ス
ピーキングルールブック』（テイエス企画）などの著書がある。通信教育講座『新これ
ならできる！ TOEIC® LISTENING AND READING TEST 超入門』（アルク）の監修・英
文作成を担当。

マイケル・マクドウェル　Michael McDowell

米国アリゾナ州出身。University of Southern California を卒業（国際関係学東アジア専
攻）後、2004年に来日。子供から大学生、社会人まで多様な学習者に英語を教える。
2008年以降は英訳のチェック、英文校正、英文でのコンテンツ作成などにも係わる。
趣味はアウトドアと文芸作品鑑賞。最近は小説も書く。共著書に『「意味順」英語表現
トレーニングブック』（Clover出版）、『世界一効率的な大人のやり直し英語 意味順英会
話』（秀和システム）、『Words for Production：アウトプットのための基本語彙ワーク
ブック』（東海大学出版部）などがある。

TOEIC® L&Rテスト
やさしい英語で
基礎トレーニング

2021 年 6 月 6 日　初版　第 1 刷発行

著者	石井洋佑　Michael McDowell
発行者	天谷修平
発行	株式会社オープンゲート 〒 101-0051 東京都千代田区神田神保町 2-14 SP 神保町ビル 5 階 TEL：03-5213-4125　FAX：03-5213-4126
印刷・製本	精文堂印刷株式会社

ISBN978-4-910265-07-0

装丁	株式会社鷗来堂（川口美紀）
本文デザイン・DTP	株式会社鷗来堂
執筆協力	丸岡幸子
音声制作協力	株式会社ジェイルハウス・ミュージック
ナレーション	Carolyn Miller Howard Colefield